지나영

세상에서 가장 쉬운 본질육아
삶의 근본을 보여주는 부모, 삶을 스스로 개척하는 아이

基础养育法

[韩]池罗英 著　谢恭霓 译

国文出版社

果麦文化 出品

目录

序言 做好基础的事，孩子就会好好长大　　　1

Part 1
像做饭一样育儿

父母需要思考的第一个问题：我是谁？　　　8
养育的最终目的地　　　19
养育的基本原则："煮饭疗法"　　　32
大米：孩子的潜能　　　41
水：父母传递的信息　　　50

水：增强自尊感的剥核桃疗法　　　　　　　　60

　　水：增强敏感孩子自尊感的身价疗法　　　　66

　　火：价值和心态，将伴随孩子一生　　　　　72

Part 2
为孩子成年后的八十年人生做准备

　　了解推动孩子的力量　　　　　　　　　　　84

　　外部动机的陷阱　　　　　　　　　　　　　92

　　孩子是否正在成长为未来需要的人才　　　　100

　　玩耍与学习都要有趣　　　　　　　　　　　107

　　培养不怕失败的孩子　　　　　　　　　　　115

　　学会感恩，能够战胜挫折　　　　　　　　　125

Part 3
好方法事半功倍

　　纠正孩子行为的 OT 疗法　　　　　　　　　138

　　防止孩子过度沉迷的方法　　　　　　　　　148

　　培养自我调节能力　　　　　　　　　　　　159

　　学会在情绪失控时冷静下来　　　　　　　　166

　　制定例行程序，培养终身习惯　　　　　　　176

Part 4
父母的心态会潜移默化地影响孩子

每个孩子都很特别	184
培养内心坚强的孩子,父母的态度至关重要	193
幸福的父母,幸福的孩子	197

后记 只需稍做改变,就会有成效	203

序言

做好基础的事，孩子就会好好长大

为什么抚养孩子这么累？甚至有很多人认为不生孩子更明智。

孩子出生当然是一件快乐的事，但也有人觉得"我的人生就此彻底结束了"。养育孩子确实十分辛苦，过重的负担也会冲淡生儿育女的乐趣和幸福。

不只是父母辛苦，孩子也一样：每天要按照规定的时间表连轴转，学习成绩至上，日渐失去自我。他们没有时间思考自己喜欢什么，想要怎样的生活。因此，他们内心十分不安，担心自己不能如父母所愿，会成为毫无价值的子女，得不到父母的爱。不少人成年之后失去目标，倍感彷徨，生活空虚，内心忧郁。

父母艰难地抚养孩子，孩子却一点儿也不幸福。更大的问题是，这种压力也有可能重新回到父母身上。许多年轻人无法独立，不能成为自己人生的主人，还经常埋怨说，造成这样的结果都是父母的错。

"爱"与"牺牲",可以说是大多数父母养育孩子的关键词。他们之所以这样做,是因为相信当前所遵循的育儿之道是最佳选择。然而,世界正在快速发展变化,孩子将生活在父母无法想象的新世界,父母如果仅遵循自己过去的成长逻辑和当下的法则养育孩子,就无法帮孩子做好未来的准备。

近二十年来,身为儿童精神科医生,我见过无数孩子和父母,经常感到十分痛心。父母都想好好抚养孩子,百般努力,几乎放弃了自己的生活,可他们依然会感到不安。即使怀疑养育方式不对,但看到别人都这样做,他们也只能坚持,无法做出改变。父母一味地追求无用的东西,耽误了真正重要的教育,结果看到孩子未能按照自己的意愿成长,像天塌了一样难受。

改变养育观念势在必行。父母们要鼓起勇气,转换思路与行动。带着这种想法,我开始为各位父母授课。从某种角度来看,我的授课内容非常简单:只要掌握了真正的养育要点并且照做,不需要花费太多力气,孩子们也可以很好地成长。忠实于本质——我想告诉各位这个单纯的真理。

如今,指导育儿的书籍和信息数不胜数,但大多都在建议父母做更多的事情,让原本就已辛劳的养育任务更加繁重。相反,我的建议不是做更多而是做更少。我想让家长们知道,养育的过程不只有辛苦和压力,也可以充分享受,孩子也会因此成长为快乐幸福的大人。

令人遗憾的是，含辛茹苦育儿并不意味着优秀的教育。根据韩国儿童保育政策研究所2019年发行的《育儿幸福指数国际比较研究》资料显示，韩国的教育质量排名远低于欧洲国家。而且从整体来看，韩国家长们对本国教育制度的信任度也不高，其中最大的不满是竞争过度，以及因此导致的课外培训费价格高昂——这些课外培训并不能帮助孩子培养良好的性格和发挥自我特长。研究者们表示，韩国过高的大学升学率也是需要改善的问题，因为韩国课外培训文化的根源就在于人们执着于挤进名校。与此相比，瑞士的大学升学率仅为29%左右。

韩国成为全球生育率和出生率最低的国家，与严重的育儿负担和过度的入学考试竞争等社会现实不无关系。大多数人都会认同，韩国目前的育儿和教育方向错得离谱。很多人主张，应该从某个地方开始纠正，并改变入学考试制度。其实，为了我们的孩子，要改变的首先是我们的想法。

很多父母听完我的讲座，改变了想法与行动，开始尊重孩子的多样性，支持他们发挥自己的才能与优点。父母变了，孩子也变了。孩子的表情变得开朗，亲子之间的摩擦也得到了修复。看着众多来找我做心理咨询的父母和孩子，以及接受我的授课内容并做出改变的父母，我感到非常欣慰，我所做的一切都有了意义。

不过，经历了这种变化的父母们也会心存忧虑："如果这样下去，孩子的学业落后怎么办？"

父母有这种担心，是因为身边总是有人鼓动"一定要做到某种程度才行"。如何解决这种"同伴压力"所带来的不安呢？有一个办法，那就是我们大家一起改变。在改变育儿和教育文化的浪潮中，我们大家手拉手一起前进就可以了。

因此，为了能让所有父母了解"基础养育"的理念，共同参与新育儿文化浪潮，我正在通过各种方法努力推进。除了无数的讲座与视频，这本书也是努力的一环。

本书内容包括改变父母想法的新视角，以及非常实用、任何人都可以做到的简单具体的育儿方法。孩子固然重要，但我们在关注孩子之前，首先应该重视的是父母。生育不是"父母人生的结束，孩子人生的开始"，而是父母审视自我、学习成长的契机。父母还有五六十年的人生，不仅可以通过本书学习如何养育孩子，也可以学习如何过好自己的人生。只要做到这些，父母、孩子与家庭，一切都会顺利安好。

让我们阅读这本书，好好了解养育的本质，稍微放松一下。诸位也可以把本书推荐给身边的为人父母者。生活在"百岁时代"的孩子，长大成人离开父母的怀抱以后，还要继续生活八十年，父母真正需要教的不是数学而是价值，真正需要助长的不是身高而是自尊心。

就算现实并不乐观，父母也要为了孩子改变养育文化，让他们面向更好的未来。当每个人开始改变，拥有崭新的育儿观成为大势所趋时，养育文化就会改变，我们的孩子会改变，我们的未来和孩子的未来也会改变。

池罗英

2022年9月 美国马里兰州

Part 1

像做饭一样
育儿

父母需要思考的第一个问题：我是谁？

养育孩子之前，首先审视自我

各位父母或者准父母都会有这样的苦恼："我要成为什么样的父母，如何养育我们的孩子？"请记住，起点不应该是"孩子"，而应该是"我"。父母首先要做的事情是审视自我。

"我是什么样的人？我是谁？"

为什么要问这样的问题呢？因为可以从"我是谁"这个问题衍生出"我是什么样的父母"。此处尤为重要的是"我认为我是多么有价值的人"。简单来说，就是"自尊感"。

现在确认一下我们的自尊感健康指数吧。1代表最低的自尊感，10代表"我在很多方面都挺不错"的强烈自尊感。此时此刻，各位的自尊心在1～10当中的哪个位置呢？

检查自尊心等级时，会使用到"罗森伯格自尊量表"。肯定与否定语句混杂在一起，让我们确认一下对自己持肯定态度的选项有多少吧。

罗森伯格自尊量表（self-esteem scale，SES）

	非常同意	同意	不同意	非常不同意
① 我对"我"这个人大致满意	4	3	2	1
② 我偶尔会觉得自己是一个没有价值的人	1	2	3	4
③ 我有不少优点	4	3	2	1
④ 我能做到别人做到的程度	4	3	2	1
⑤ 我没有什么可骄傲的地方	1	2	3	4
⑥ 我偶尔觉得自己是一个没用的人	1	2	3	4
⑦ 我觉得我是一个有价值的人	4	3	2	1
⑧ 我希望更加尊重自己	1	2	3	4
⑨ 总的来说，我觉得我是失败者	1	2	3	4
⑩ 我对自己持肯定态度	4	3	2	1

将所有10项的分数相加。分数越高表明自尊心越强。（选自Rosenberg, M. Conceiving the Self. New York: Basic Books, 1979.）

在我们的社会中，一个人很难轻松建立自尊感。是啊，从出生起很多事情都像排队一样，身高体重、成绩第几名、住在哪个小区哪栋楼，并以此进行比较。我们还总是很轻易地评价他人的外貌。因此，除了方方面面都卓越出众的少数精英人士，大多数人都会怀着自卑意识成长，只是程度略有差别罢了。

自尊感的损伤源自比较——将我们所拥有的多种资质与他

人比较，产生一种落后于他人的感觉。在某个时刻应该完成某个目标：读好大学、找好工作、买房、结婚生子……因为所接受的教育告诉我们应该按时完成每个人生阶段的"任务"，所以如果自己未能准时实现，自尊心就会下降。如果自尊心开始下降，就会对人际关系产生影响，亲子关系当然也不例外。

由于对自我价值的评价很低，个体就容易将某种表现或者言语解读为"对方无视我""人们不喜欢我"。这种人的根本想法就是"我不会被爱"。

尤其值得注意的是，妈妈在休产假期间，整日待在家里，自尊感也可能会有所降低。在这种激烈的角色转换瞬间，有害的想法可能会乘虚而入，即"我要把孩子养好，找回自尊"。"孩子和我是完全不同的个体"这一概念逐渐淡化，彼此界限变得模糊，父母可能会错误地将孩子视为自我的延伸。在这种情况下，父母便会无意识地把养育孩子当作心理补偿方式，父母和孩子的不幸就从这里开始了。

因此，父母的自尊心非常重要。我们首先要了解自己的自尊感有多强。如果自尊感很弱，就要正视这个问题，把培养健康的自尊感放在首位。

我想过怎样的生活

在了解自我的过程中，除了自尊心，了解自己在生活中追求的价值也是不可或缺的要素。

"在我的人生中,重要的价值是什么?"

我们在生活中很少谈及这个问题,但育儿之前必须认真思考。

"到底什么是价值?"我们首先会产生这样的疑问。所谓价值是指真、善、美等人类愿望或关注目标的统称。经常被提及的价值有正直、真实、诚实、责任感、贡献、关怀、共鸣、成长等概念。

以下是《掌控习惯》的作者、美国权威自我发展专家詹姆斯·克利尔提出的价值清单。请在这个价值清单上把自己看重和追求的东西圈起来,并确定优先顺序。比如,生活中指导自我的价值在前,不太重视的价值在后。其中最重要的四到五种,可以称为"我追求的核心价值"。

我追求的价值有哪些?

真诚、成就、冒险、权威、自律、均衡、美好、勇气、共情、挑战精神、市民精神、集体意识、力量、贡献、独创性、好奇心、决断力、公正性、信任、名声、友情、趣味、成长、幸福、正直、幽默、影响力、内心协调、正义、亲切、知识、领导能力、学习、爱、忠诚、有意义的事情、开放性、积极性、和平、快乐、平常心、人气、认可、宗教、口碑、尊敬、责任、安危、自尊感、公益、稳定性、成功、地位、信任、财富、智慧父母的重要作用之一就是教给孩子那些可以成为人生灯塔的标准或价值。但在此之前，父母自身首先要树立正确的价值观，拥有并且追求想要教给孩子的价值。因为父母在生活中展现出的重要价值会原封不动地传达给孩子。"我真的很重视责任感，诚信也很重要，希望我的孩子能成为一个值得信任的人，做好自己该做的事。"如果父母持有这种想法，自己首先应该把责任感和诚信放在首位，并在生活中追求这两点。父母如果表现得无视价值，教育孩子时不仅会自我矛盾，也无法取得理想的效果。

接下来，父母在了解自我的过程中，需要认识自己的优点。

从美国回到韩国，我所感受到的最大差异是他人的频繁指责。衣服怎么回事？发型怪异，怎么胖了那么多？皮肤好差，看起来显老……从外貌到各种领域，韩国人很容易指责他人。

或许正因为如此，如果问"你的缺点是什么"，很多韩国人都会流畅利落地回答如下：我个子矮，学习只能做到这种程度，家庭出身不好……反之，如果问"你的优点是什么"，大多数人就会哑口无言。请各位想想自己的长处和优点，写在纸上。我不会问缺点，因为大家都太了解了。我们不能只说"因为这个，我很不足"，而是应该说"这一点非常好，是我的优势"。

"我没有优点，真的什么也不擅长。"

这样回答的人大错特错。每个人都有优缺点。可是，为什么对缺点对答如流，对优点一无所知呢？因为父母、教师、社会，指出我们的缺点多于称赞优点，我们自己也已经习惯了这样的环境。

在"惯于指出缺点"的环境中，父母真的能看到孩子的优点吗？恐怕连自己的优点都找不到。自己从未听到过的称赞，当然很难表达给孩子。"做到这种程度，我已经是一个很不错的人啦。"只有心存这种想法的父母，才能以同样的方式看待孩子。

虽然每个人都有优点，但人们常常认为只有学习成绩好、精通英语、赚钱多等容易测定的东西才是优点。所以，我们觉得自己没有任何优点。

许多优点很难被发现。可以是人际关系佳、共情力强、唱歌好、运动神经发达，也可以是乐于助人。人类的优点或许和人口数量一样多。如果依然找不到，也可以问一下熟知自己的家人或者朋友："我的优点是什么？""你觉得我擅长什么？"寻找自己的优点并称赞自己，然后才能看到我们隐藏的珍贵优点。

养育是和孩子共同成长

了解过自己之后，现在该问最后一个问题了："我准备用我所得到的东西做什么？"

这个问题与人生密切相关。即我必须思考用人生赋予我的——优缺点、追求的价值、经历（包括伤痛）等——这些东西做什么、如何生活。父母应当先向自己提出这个问题，然后再培养孩子成为能够回答这个问题的人。

很多父母在抚养孩子时，没有时间考虑自己。然而，现在养育孩子的父母们大概只有三四十岁，未来的人生还有五六十年。

千万不要认为自己的人生在生育之后已成定局，或者要以孩子的人生一决胜负。如果心存这种念头，就很容易产生"把过时的自己磨碎，填充孩子的生活，让其变得丰富多彩"的想法，并不利于把孩子培养成独立自主的大人。在养育孩子的过程中，父母应该一起成长。

"我准备用我所得到的东西做什么？"从今天开始思考这个问题，写下自己的答案。苏格拉底强调过反省的重要性，他甚至认为"不反省的人生没有活下去的价值"。实际上，不懂得"反省并构建强大自我"的父母很难教给孩子正确的价值观，培养孩子成为自主的成年人。因此，放弃自己的生活，一切以孩子为中心，是错误的育儿出发点。

三十岁出头的已婚女性怀孕之后，通常在自己喜欢的事业和育儿之间苦恼不已。

"必须为了孩子辞职吗？如果出门工作，还能好好抚养孩子吗？可我的工作也很重要啊。"

职场妈妈们难免面对这样的苦恼，而且很多职场妈妈都背负着某种程度的负罪感：本应多陪伴、多关心孩子，但是自己做不到。

我会这样告诉那些妈妈:"只有你幸福,孩子才会幸福。顺其自然就好。"

如果做职业女性在工作中取得成就更加幸福,那么这条路就是正确的;如果比起工作,多陪伴在孩子身边更幸福,那么这条路也是正确的。

假如,准妈妈很喜欢自己的工作,对此感到满足,只是因为必须专心育儿的责任感而辞职,那么,辞职在家育儿期间,没有经济收入的委屈、"难以重返职场"的不安与埋怨日积月累。她甚至会变得忧郁,向孩子发泄自己内心隐藏的不满:"我如此牺牲自己,你怎么连简单的事情都做不到呢?"

我总是说,无论是职场妈妈还是全职妈妈,都绝对不要认为磨碎自己可以充实孩子的生活。最好的方法是,丰富自己的生活与育儿齐头并进。当然,作为父母,必然会做出一定程度的牺牲。但是,放弃自己的全部生活,通过亲密育儿来设计孩子的生活,这不仅不是孩子所希望的亲子关系,也不利于将孩子培养成独立自主的大人。

成为孩子眼中幸福的人

各位不妨这样思考一下:"在孩子眼中,我是幸福的妈妈(爸爸)吗?"孩子会想"我长大以后愿意成为妈妈(爸爸)那样的人"吗？看到父母完全没有自己的生活，在孩子面前唯唯诺诺，孩子非但不会说"我也想成为那样的父母"，反而经常会说"我不想成为像父母那样的人"。尤其是经历过亲密育儿的孩子，更会有这种感觉。

"我不愿像妈妈那样生活。如果那是父母的使命，那我不想做父母。"

不久前，我与美国朋友见面，介绍了我在韩国的育儿讲座。我告诉朋友，在韩国备受追捧的育儿讲座和书籍都是回答"如何把孩子培养得聪明、学习好""怎样才能把孩子送进名牌大学"这样的问题，我的课程却与此相反。我认为那些都不是父母该做的事，育儿的本质是爱孩子，展现并教给孩子人生价值。

这时，一位朋友问我："可是，你的课程受欢迎吗？"

"嗯，反响很好。其实父母们好像很希望听我这种课。"

"为什么呢？"另一位朋友如此问道。

"可能因为现在的年轻父母接受的是传统养育方式，长大成人之后才明白完全按照父母的指示去做的事情对自己的生活没有多大帮助吧？他们是不是不愿意复制自己的父母呢？"

我认为这正是原因所在。现在三十多岁的年轻父母们，亲身经历了他们父母的自我牺牲与亲密育儿，一路走来，大人和孩子都牺牲了太多，他们的幸福感极低。这些孩子不想成为自己父母那样的父母。

我是孩子未来想成为的样子吗？到底什么样的父母形象才

合格呢？很简单，只要展现出独立自主、引领自己人生的父母形象就可以了。只要独立开拓自己的生活，过得幸福就可以了。只要给孩子展示希望他成为的父母形象就可以了。希望各位一定要记住，答案绝对不是把自我磨碎并奉献给孩子的父母形象。

父母练习
审视自我

父母只有先了解自己，才能确定育儿方向。思考一下自己想成为什么样的人，想怎么生活，然后写下来。

Q：我的自尊感等级如何？（请标记1到10）

_____
_____
_____

Q：我想成为什么样的人？

_____
_____
_____

Q：我想发挥自己的特长做什么事？

_____
_____
_____

养育的最终目的地

让孩子独立扬帆远航

回顾过自己之后,现在需要观察孩子了。几乎没有人认为育儿的时间很短。漫长的育儿之路,我们最先应该做的是什么?那就是要弄清楚目的地在哪里。面对育儿这几十年的旅途,如果不知道目的地,就会在尽心尽力养育孩子之后却发现"好像不是这里"。出现这种结果,父母会多么冤枉和失落啊。

那么,育儿的最终目的地在哪里?这就是下一个问题:"我想把孩子培养成什么样的大人?"

很多父母应该都考虑过这个问题。他们最常说的话莫过于希望孩子幸福,然后是希望孩子可以照顾自己、会赚钱、功成名就,等等。

每位父母都有不同的愿望。作为儿童精神科医生,考虑到孩子的发育和成长,我认为养育孩子的最终目的是让孩子成长为自主独立的大人。用一句话简单概括就是"自立"。怎么做才能幸福呢？幸福需要孩子去寻找，而不是父母为孩子创造。怎么才能得到金钱呢？孩子自己挣钱。如何好好开拓自己的生活呢？这同样是需要孩子身体力行去做的事。父母应该做的只是培养孩子成为独立自主的人，务必要牢记这一点。

每个人的人生就像在茫茫大海中航行。你的船长不是伴侣，不是父母，也不是孩子。孩子会在你的船上长大，你要给他喂奶喂饭，但他不能一直在你的船上生活。孩子成年了，就要有自己的船，成为那艘船的船长。

"我真的很想和孩子建立牢固的关系。"

如果怀着这样的想法生孩子，把孩子的船牢牢挂在自己的船边，会出现什么样的结果呢？——互相碰撞。孩子难以前行，父母和孩子都会徘徊不前。如果孩子不能自己开船航行，而是继续沿着父母的航线前进，成年以后依赖父母、不能独立，那就意味着未能到达育儿的最终目的地。虽然不想承认，但这就是失败的育儿。当然，根据孩子的不同发育阶段，父母要做的事情也不同，但只要最终结果是孩子成年以后能够自己开船航行，父母就算育儿成功。因此，无论对育儿做出何种判断，都要提出一个问题：这有助于孩子最终自立前行吗？

孩子将生活在完全不同的世界

父母应该如何养育，孩子才能自己扬帆远航呢？各位父母目前可谓是当打之年。那么,孩子到了我们这个年龄会是哪个年代呢?假设现在是2020年,父母三四十岁,到了2050—2060年,孩子也会三四十岁,开始成为社会主力军。不妨想象一下,2050年以后的世界会发生怎样的变化呢?父母能预测孩子主要人生舞台的2050—2080年代的产业与职业结构、影响生活质量的因素、主要社会问题等状况吗?把手放在胸前,闭上眼睛,在脑海里想象一下那个时代吧。各位对自己预测未来的能力有多大信心?70%、50%、30%、10%?在未来,机器人可以和人类一起行走,自动驾驶也可能日常化。我们的孩子可能活到2080年、2090年、2100年。到了那时,即使出现空中飞行的汽车也不奇怪。

各位父母不妨想一下,与我们的童年时期相比,时隔二三十年,当今世界发生了多大的变化!在我小时候,手机、网络根本就不存在。现如今,世界发展的脚步越来越快。如果有人认为,当孩子踏上属于自己的船,那艘船以及大海的状况会和现在一样,那就太愚昧了。20世纪八九十年代出生的当今父母们要铭记,我们的孩子将生活在难以想象的完全不同的世界里。

希望各位读者明白,我们作为父母,无法很好地预测子女的未来,给予他们完美的引导。那么,谁来做向导呢?学校老师?优秀的入学考试辅导班老师?未来学专家?最能预测并开拓如此难以想象的未来的人,究竟是谁呢?

没错,最能预测、适应并开拓未来生活的人,就是主导未来人生的孩子自己!

遗憾的是,很多父母并没有意识到这一点,反而误以为孩子生活的未来也会和自己生活的过去或现在一样。

"根据我的生活经验,医生、律师、公务员这类职业当然最好啦。"

"如果回到你的年龄,妈妈会努力学习,考上更好的大学。如果你也不想后悔,那就努力学习吧。"

对即将生活在2050—2100年的孩子来说,2020年的父母回到20世纪80年代的设想又有什么意义呢?父母真的能比孩子更了解他们的人生吗?即使是现在,面对新技术、自助服务系统或最新应用程序,父母恐怕比孩子更生疏吧?

过去可能百年间才会发生的变化,如今十年就能实现。父母给孩子的未来提建议,就好像古人来到现代对我们说:"根据我的经验,远行的最快方法就是骑上一匹健壮敏捷的骏马。你一定要听我的话,不然肯定会后悔"。

我们的孩子生活在未来。因此,孩子可能会产生大人想不到的"奇怪"想法。父母可能会觉得孩子的思维很奇怪,就好像古人听到现代人说"我坐高铁就行了"。不过,父母不应该禁止孩子"异想天开"。如果无法理解孩子的想法或行动,不妨这样想:"这个孩子来自未来。"

孩子和父母的想法当然不同。父母比孩子生活经验丰富,理所当然会认为自己是对的。但父母不要忘了,自己了解的不是未来,而是过去。放弃"比孩子懂得更多"的想法吧,因为孩子比父母更了解未来。

不过，有一件事父母比孩子更清楚，那就是生活的核心价值。父母应当把自己的人生价值传授给孩子。至于要走什么样的路，选择什么样的职业，学习什么知识，如果孩子完全复制父母，未来可能会出现与期待完全不同的结果。

我提倡的"未来少年疗法"的核心是，在孩子和父母想法不同时，摒弃主张父母正确并单方面贯彻的错误做法。父母要和孩子一起思考并商量。孩子生活的世界是未来，他们是来自未来的孩子。各位父母不要忘记，来自未来的他们最了解未来的生活。

奔向世界的孩子，却要遵循本国现状？

很多父母按照自己上学时的20世纪八九十年代或21世纪初的方式教育孩子。如前所述，这绝对不是明智的做法。另外，有些父母明知自己的方法不恰当，却停不下来，因为内心不安：别人家的孩子都在接受各种应对升学考试的课外辅导，只有自己的孩子做其他事情，难道不会掉队吗？其他孩子每天学习十个小时，如果让自己的孩子玩几个小时，恐怕会成为所谓的"失败者"。

很多父母被不安折磨，总是这样说："只能这样培养，不能忽视应试教育。现实就是如此。"

也许有些父母认为，我在外国生活，不了解韩国国内的实际情况，说得太理想化了。不过，我希望在这里去掉"韩国"这个限定词。

生活在哪国，理所当然接受那个国家的现状。但孩子不一样。未来的孩子即使国籍不变，却会生活在世界各地。有人问起我们的故乡时，我们会回答某个国家的某个城市，但孩子们未来会回答自己的国家。

事实上，仅在美国，就有很多来自世界各国的人。因此，只要问起故乡，我当然会回答"我来自韩国"。在孩子生活的未来，"在我们国家会这样做"这句话听起来片面而狭隘。我们的孩子即将奔向更大的世界，千万不要忽视这一点。

我在美国大学工作，接触过很多韩国留学生。他们大多在韩国上过所谓的"精英课程"，然后在美国知名大学攻读硕士、博士课程。得益于在韩国接受过的高考训练，他们的学科成绩还算不错，但在美国成功就业的情况并不多见。即使找到工作，也很少能任职于重要岗位。当然，有些学生本来就计划回韩国发展。但同时，经常能看到很多学生并未具备在世界舞台成长进步的能力。

我不会告诉亲戚家的小孩"不要从事某种职业"，但我会说："不管你做什么，希望你永远把世界当作舞台。"无论是开面包店、服装店还是做税务师，我都劝他们考虑走向世界。因为只有这样才能获得更多机会，发展壮大。

因此，父母首先要打破思维框架，关注更广阔的未来世界，把目光投向全球。按照"本国方式"教育孩子的观念必将逐渐落伍。现在在本国学习好、考上名牌大学似乎是完美的，但也逐渐成为一种假象。如果把孩子培养为符合本国现状而无法适应世界舞台的大人，就等于限制了孩子的生活圈。

因为内心不安，就继续这样下去吗？

迄今为止，很多父母被不安笼罩，采取了目光短浅的育儿策略，投入应试教育的热潮之中。结果如何呢？众所周知，韩国国民的幸福度远低于生活水平。据联合国设立的非营利团体"可持续发展解决方案网络"发表于2022年的《世界幸福度报告》显示，韩国的幸福指数在全世界150多个调查对象中仅排在第59位。考虑到贫困国家和地区也包括在内，这个排名可以说是非常低。在38个"经合组织"（OECD）成员中排第36位，可谓是处于最低水平。相反，自杀率却在OECD成员中位居榜首。不是普通的首位，而是超过平均值两倍的数值。

据韩国保健福利部透露，以2020年为准，韩国自杀率为每10万人中有25.7人，是OECD成员中平均数值（11.0人）的2.5倍。令人惊讶的是，2020年韩国的自杀率比同年美国的自杀率（每10万人中有14人）和他杀率（每10万人中有7.5人）的总和（21.5人）还要高（据美国疾病控制与预防中心公布的数据）。以2020年为基准，在枪击事件蔓延、治安比韩国更加不稳定的美国社会,每10万人中有6.1人因枪支相关事件(不包括自杀)死亡,而在韩国因自杀而丧命的概率比在美国被枪杀的概率高出4倍以上,这个数字简直触目惊心。如此之高的自杀率,实际上可以说是韩国社会的污名。

维持人口的总和生育率(一个女人在育龄期间预计平均生育新生儿的数量)标准为2.1,而韩国的总和生育率在2022年上半年仅为0.81。在当今社会,我们可以切实体会到"人口断崖""人口危机"等概念。韩国取得了很多成就,而幸福度、自杀率、出生率却是令人吃惊的凄惨水平。问题到底出在哪里呢?

人生在世,情感和行动从根本上以思维为基础。其中,最根深蒂固的思维和信念称为"核心信念"。核心信念有三大类别,即对自我、他人、世界(未来)的核心信念。

为了更容易理解,我们假设两个极端的人(A和B,见下表)。

核心信念	A	B
我	我是一个很不错的人,值得被爱	我不行,没人爱我
他人	大多数人值得信任,好人更多	所有人都不可信,信任他人就会被骗
世界(未来)	这个世界值得我活下去,我的未来一片光明	生活艰难,我的前途一片黑暗
情感	充满希望和期待,开心幸福	不安、忧郁、委屈、悲伤
行动(结果)	挑战、互助、奉献、感谢	封锁、回避,以个人利益为中心,心存怨念

在前面的例子中，A 的生活满意度与幸福度都很高，在美好世界里幸福生育的欲望也相对较高。相反，B 的生活满意度与幸福度较低，不安感或忧郁感较强。此外，他既讨厌自己又讨厌世界，想要生育与自己相似的孩子的可能性相对较小。为了有助于理解，此处特意列举这种非常极端的案例。

我相信，如果把我们的孩子培养成核心信念健康的大人，就可以从根本上改善当前影响社会发展的低幸福度、高自杀率、低出生率等严重问题。关于核心信念，我会在后面章节补充说明。

究竟是为了孩子还是为了自己？

父母爱孩子如命，总是苦恼孩子最需要什么，于是无数次地说"这都是为了你"，硬逼着孩子学习。

父母应当自我审视，所谓"为了孩子"，是否源于把孩子与自己画了等号？孩子现在虽然在"我"身边，但不久后就会走向自己的世界。孩子不是"我"。然而实际情况是，如果孩子做得好，父母就会拿来做炫耀的资本；如果做得不好，父母就无法到处谈论孩子。

各位父母请扪心自问，那些事情是否真的是为了孩子而做？会不会是因为，只有孩子做得好，父母才能感觉自己比别人更优越，以炫耀孩子来弥补自己不足的自尊心？再请冷静地想一想，是否因为自己感到不安，于是逼迫孩子达到某些要求，以此让自己舒心？实际上，有很多父母都曾如此坦白：

"我说是为了孩子，但似乎只是我的欲望而已。"

"我只是为了自己安心才那么做。"

父母如果想变得更好，那就寻找能让自己感到欣慰的事情，可以进行自我提升、志愿服务或兴趣活动。因为孩子而得意忘形，或因为孩子而感到丢脸，这些都不是健康的关系，应该尽快打破这种关系结构，不要让孩子成为父母欲望的牺牲品。我曾说过，育儿的最终目的地是"自立"。如果父母和孩子在精神和行动上不能分离，那就是失败的育儿。父母和孩子都吃尽苦头，结果到达了错误的目的地。

不管社会发展取得了多少成就，如果我们的下一代过得不幸福，那真的能算是成就吗？就算是从现在开始，我们也应该改变，且相信可以改变。

真正为了孩子的育儿法，是可以培养出适应未来的具有自主性的成人的方法，明白这一点后要拿出切实改变行为的勇气。从现在开始，具体了解一下我们应该怎么养育孩子吧。

父母练习
了解孩子

既然我们的孩子来自未来,那就来了解一下他们的未来吧。

Q:孩子到"我"这个年龄的年份是?

_____

Q:彼时最受欢迎的职业是什么?

_____

Q:彼时最严重的社会问题是什么?

_____

Q:"我"对自己的这种预测有多自信?确信吗?(用0%—100%来回答)

_____

Q:"我"希望孩子成为什么样的大人?

_____

核心信念就像观察和分析现象的镜头。了解一下自己的核心信念是否健康。

Q:"我"的核心信念是什么？
- 关于自己：_____
- 关于别人：_____
- 关于世界：_____
- 关于未来：_____

Q：孩子的核心信念是什么？
- 关于自己：_____
- 关于别人：_____
- 关于世界：_____
- 关于未来：_____

养育孩子的最终目标是培养孩子独立生活下去的力量。先考虑把孩子培养成什么样的大人，再了解他的兴趣所在，帮助他成为自主的大人。

Q："我"想把孩子培养成什么样的成年人？

_____
_____
_____

Q：孩子对什么感兴趣？

_____
_____
_____

养育的基本原则："煮饭疗法"

是否遵守了基本原则？

很多父母对我说,孩子处于某种状况,或者做出了某种行为举止,不知道该怎么处理。比如以下这些问题:

"孩子哭闹的时候该怎么办？"

"可以给孩子看几个小时手机？"

"要不要超前学习？"

"要不要送去英语幼儿园？"

因为每个孩子情况不同,父母的烦恼也各不相同。父母每天面对多种情况,会担心,有时也很惊慌,希望有人能给出答案。回答这种问题的专家也很多。针对每种状况逐一解答固然重要,但不管被问到什么问题,我都会先这样问:

"基本原则贯彻得好吗？"

如果父母回答"是",我会说:"按照父母的想法去做就可以了。孩子不会因为这样那样的事情而变好或变差。"相反,如果父母问我"什么是基本原则",或者回答"不知道现在做得怎么样",我就会告诉对方"应该先从基本原则做起,其他事情反倒不是那么重要"。贯彻好基本原则必不可少。

那么,基本原则到底是什么呢?我称之为"煮饭疗法"。

假设没有电饭锅,而是在铁锅里煮饭,煮饭的时候需要什么?首先需要大米,然后要控制水量,不能太多也不能太少,还要保证不让火熄灭。还有什么需要的吗?没有了。如果再放点什么,米饭会更美味吗?不,反而会毁掉米饭。

育儿就像煮饭。如果说大米是孩子,那么可以让米饭煮好的水和火是什么呢?假如我有孩子,我会本能地做出怎样的回答呢?那当然是——爱。柔弱娇嫩的婴儿出生后,父母无须努力自然会产生保护本能(极端特殊的情况除外)。

爱和保护就是水。当然还有其他需要注意的问题。水太多,保护过度,米饭就会煮成粥,等于害了孩子。想要给予孩子如"允分浸泡大米"般的爱,就要注意不能过度保护。

接下来需要的是火,不能让火熄灭。只有爱和保护,孩子并不会健康长大,还需要父母的力量。很多人认为"只有接受教育,才能成为真正的大人"。但我所说的"教育"概念,比起学业上的教育,更应该是思想教育。父母不能只集中在"语、数、外"学科上,而应该重点教给孩子生活的价值与心态。

如前所述,父母可以把自己的价值观传授给孩子。在孩子的生活中,父母无法决定其他事情,却可以教给孩子价值观。这其实是父母的重要任务之一。就像煮饭时需要不断调整火候一样，父母要持续对孩子进行价值教育。

生活心态也一定要与价值观共同传授。父母都希望孩子生活安稳，但也明白没有绝对安稳的人生，所以要帮助孩子树立能坚强抵抗生活风浪的良好心态。孩子的生活心态大多原封不动地来自父母，因此父母首先要保持良好的心态。

孩子在日常生活中的小问题，可能会引发更严重的问题。如果孩子哭闹，父母不知道该如何处理，也会感到惊慌。在这种具体的情况之下，其实未必只有一个标准答案。能立刻做的事，按照原则去做就行了。希望各位父母可以明白，对于日常生活中发生的各种细节问题，专家并没有完美的标准答案，父母当时的应对措施也很少会对孩子的整体成长发育造成什么大问题。所以，只要正确理解基本原则并照此执行，剩下的就不用太操心了。

米：孩子（潜能）　　水：爱与保护　　火：价值与心态

现在，让我们按照大米、水、火的顺序，逐一仔细了解"煮饭"的三个要素。

是否保留了孩子的"原味"

很多父母误以为育儿不是煮米饭，而是包饺子，尽全力切肉、放葱，加入很多食材，就会变成昂贵的饺子。父母认为孩子是空的，想牺牲自己全部塞进去。

饺子里要放各种馅料，但米不是空的，十分饱满。大米本身已经是完成品，有它自己的味道。所以，想要煮一锅美味的米饭，只需加水、盖锅盖、开火，大米就会呈现出自己原有的味道。有人在煮米饭的时候打开锅盖翻腾几下吗？有人因为不合胃口而放盐和胡椒吗？只是想象一下，就已经觉得倒胃口了吧。

煮米饭的时候，要满足必要条件，耐心地等待焖熟。无须中途打开锅盖，是因为相信只要配合好水量和火候，就会煮出美味的米饭。然而，有的父母会说自己想要某种味道，所以总是打开锅盖翻腾大米，还往里面放调料。他们之所以这么做，是因为不相信大米会美味。

因为我是发育障碍专科医生，所以经常看到比平均速度发育缓慢的孩子。令人惊讶的是，如果对那些稍有不足的孩子进行良好的指导，并提供合适的环境，他们就会展现出巨大的潜力。潜力是不可见的，它隐藏在孩子的体内，随着成长慢慢展现出来。因此，即使看不到，也要相信所有的孩子都具备意想不到的巨大潜力。

尽管如此，依然有父母说"我们家孩子的潜力好像不足"。

每个孩子都有无穷无尽的内在潜力,就像无限次折叠的魔法屏风,无法完全展开。或者说,父母有多相信,孩子就有多大的潜力。然而,有的父母非但不帮助孩子发挥出自己的潜力,还一口断定孩子没有"可用"的潜力,同时想加入其他东西。从大米的角度考虑,它该多难受啊。而且,想要硬塞东西的父母会幸福吗?不,双方都不会幸福。

父母这样做是出于责任感和目的意识。因此,无论是孩子还是父母,都把这种痛苦当作为了更好结局的牺牲,继续坚持下去。看到如此辛苦育儿的父母、兄弟姐妹、同事,看到不幸福的孩子们,一些年轻人当然不想生孩子。要记住,父母的作用不是给孩子注入什么,而是帮助孩子发挥已经拥有的潜力。各位父母只要明白这个事实,改变视角,心情就会更加舒畅,育儿的负担也会减轻。不仅父母,孩子也会更加幸福。

尊重孩子的想法,激发潜能

各位父母知道孩子如何挖掘自己的潜能吗?他们会通过自己的兴趣表现出来。

"妈妈,这是什么?"

"这个怎么了?"

"我想要这个。"

"我喜欢这个。"

"我不喜欢这个。"

就像这样，孩子开始挖掘自己内心的潜能。即使孩子说些不着边际的话，父母也不应认为是"胡说八道"。

"妈妈，我想挖土。"

"是吗？你想挖土吗？好奇吗？"

此刻重要的不是泥土，而是孩子表现出了什么。当孩子展开自己内心的一张潜质屏风时，父母却说："玩什么土，会把衣服弄脏，一点儿用也没有。"当孩子说喜欢青蛙时，妈妈则回答说："青蛙？什么青蛙啊。坐在这里再解一道题。"

孩子不断展现，父母却一直阻拦。日复一日，年复一年，孩子逐渐忘记了怎么表现自己，不知道自己喜欢什么、对什么感兴趣，什么都不知道。这种情况太常见了。我是医生，周围也有很多医生和教授朋友，他们大多取得了显著成就，也很遵从父母的指示，却遭遇了迟来的"现实打击"。

"让我再做二三十年？我好像不喜欢也不想走这条路，但我不知道自己真正喜欢什么，也不知道自己为什么在这里，要去哪里。"

这样的成年人往往一直遵从父母的意愿，而未能展开自己的潜力屏风。但是，有的父母就会问："怎么能孩子说什么就是什么呢？"

我并不是让父母什么都听孩子的，更不是为孩子的所有兴趣买单，而是学会倾听孩子的想法。如果孩子展示出一张"潜力卡片"，父母就应表现出兴趣，仔细倾听："哇，你还有这种'卡片'吗？"然后，孩子就会持续掏出第二张、第三张"卡片"。"原来你对那个东西好奇啊，那我们多了解一下吧？在网上找找看或者去图书馆？"孩子表达出想法，如果父母感到惊喜和好奇，并且认为很有价值，就会继续激发孩子的潜力。相反，如果父母说"不要胡思乱想，听妈妈的话"，孩子就再也不会取出心里的"卡片"了。

孩子提出自己的想法，父母倾听孩子的想法，这本就是一件开心的事。即使父母没有把那句"你很珍贵"说出口，孩子也会感觉到"爸妈很珍惜我的想法"。如此也能满足他们除了爱之外另一种重要的情感需求，即被尊重和认可。父母表现出这种态度不需要付出任何代价，也并非只有承担费用才能帮助孩子发挥出潜力。如前所述，父母如果想了解自己，就要知道自己的价值和优点。而成长中的孩子，则通过兴趣爱好来表现自己的价值和优点。

有的父母会说："孩子喜欢的都是些没用的东西。"因为他还是个孩子，所以当然没关系。如果孩子喜欢蜥蜴，想在家里养一只，父母应该表现出关注，并倾听孩子的想法："哦？你想养蜥蜴吗？"即使养不了，也可以陪孩子一起多学习知识，解开疑惑。父母可能会担心，如果孩子只对蜥蜴着迷，不学习其他东西怎么办？其实，孩子的兴趣大致会随着发育阶段而变化。小时候表达自己意愿并得到尊重的人，会懂得继续挖掘自身潜力，扩大兴趣范围。这种兴趣保持下去也很不错。如果从小就喜欢蜥蜴，也有可能成长为世界级的蜥蜴专家。

孩子会有缺点和弱点。父母往往容易过于关注孩子的弱点，但其实应该有意识地更加关注优点和强项。特别是在未来社会，比起发展均衡的人，将某件事（即使对一般人来说是很奇怪的事）做得特别出众会具有更大的价值。因此，比起要求他们在不擅长的事情上达到平均水准，帮助孩子发展自己的强项同时弥补影响发展的弱点，才是更明智的做法。

仔细观察一下孩子吧。如果父母觉得"我不太清楚孩子的优点""我家孩子好像没什么优点，很多事情都做不到"，那就请写下孩子的兴趣爱好。再微不足道、再奇怪的事情也要观察并记录下来。"孩子喜欢看漫画，可以让他天天看漫画吗？"有些父母会担心孩子沉迷于一件事，然而兴趣也可以无限扩展为学习和成长。

父母练习
挖掘孩子的潜能

孩子想展现自己的潜力。我们可以回答以下问题,帮助孩子发挥潜力。

Q:孩子对什么感兴趣?

_____
_____
_____

Q:如何反馈孩子的兴趣比较好?
　　和孩子对话,倾听孩子的想法。

_____
_____
_____

大米：孩子的潜能

智能世界比想象中更丰富

父母常会担心孩子的缺点和不足之处，同时也说不清楚孩子的优点和兴趣，所以前来请教专家。遇到这样的父母，我通常会检查孩子的发育状况，以此分析孩子的强弱项。但是父母必须注意一点：虽然人们常说某人脑子聪明或笨、智商高或低，但智商高低与天赋并不等同。每个孩子的天赋领域都不一样。

检测 IQ（Intelligence Quotient，智商）也会测定并评价其他领域。人类并不是如此简单的存在，不能以 IQ 值来评价孩子"90分、120分"。而且，仅凭一个分数就断定某人"行不行"，简直荒唐至极。

出于这种想法，哈佛大学教育心理学教授霍华德·加德纳提出了多元智能（Multi IQ）理论。霍华德博士主张八种不同的智能：

语言智能

数理逻辑智能

空间智能

身体运动智能

音乐智能

自我认知智能

人际沟通智能

自然主义智能

我们倾向于高估其中的语言智能和数理逻辑智能。语言、数理逻辑智能越高,考试解题能力就越好。相反,空间智能、身体运动智能、音乐智能等很难按照特定标准进行评价。尤其是对自己的洞察力、人际关系所需的智能等,很难进行客观测定。

自我认知智能超群的人善于自我反省。有些人即使学习了自我反省也觉得很难;有些人即使没有专门学习,也会自动掌握,这也是一种才能,是一种高智商。

另外,有的人非常擅长人际关系,很了解别人的想法,共情力极强。有的孩子就是这样,学习成绩不突出,却和朋友们关系很好。这种孩子的人际沟通智能很发达。

拥有自然主义智能的人喜欢大自然,在大自然中感到舒适,也很了解动物,擅长与动物交流。如果孩子总想上山采集昆虫,只想养动物,很多父母都会非常担心。不过,这类智能卓越的孩子可能成长为兽医、驯养师、生物学家、植物学家、自然与动植物领域的作家或内容创作者等相关领域的优秀人才。在孩子成年后的未来，还可能出现很多在当今社会尚未形成的新职业。就算这种才能没有发展为职业，也可以成为丰富生活的兴趣爱好。

孩子们的才能如此丰富多彩，但主流教育观念只集中于对语言或数理逻辑方面进行判断，这样会错过孩子无穷的可能性，在这种观念影响下，父母也会觉得自己的孩子看起来完全没有任何才能。我经常强调人类的"多样性"。事实上，我们在生活中感受到的辛苦，大多数来自不承认、不尊重多样性的社会氛围。父母如果开始接受和尊重孩子的多样性，就能看到孩子的优点和潜力，并且更加了解他们。

为了观察孩子的能力，可以进行多元智能发展测评（Multiple Intelligences Developmental Assessment），它虽然在临床上不常用，却是了解孩子的好办法。尤其是对父母认为"没有什么特长"的孩子，可以以此看出哪方面的智能更优秀。此外，它还举例说明了拥有相应智能的人选择什么样的职业比较好。当然，这只考虑了目前存在的职业。

即使同一个家庭有三个孩子，测评结果也各不相同。因此，千万不要忘记"因人而异"的多样性概念。

教育不应让鱼爬树

当前的教育体系不考虑才能的多样化,而是以公平为名,学习统一的知识,以统一的尺度评价孩子。这就相当于以爬树的能力来评价所有动物。以爬树的能力评价鱼,鱼会怎么样呢?

一辈子都以为自己是笨蛋。鱼需要水,父母却说"大家都在爬树,你也必须得爬",孩子该有多痛苦啊。

更大的问题是,连孩子自己都不了解自己,甚至无法努力找到自我。"妈妈,我游泳那么棒,为什么非让我去爬树呢?"如果孩子说出这种话,那真是万幸,可惜现实并非如此。孩子从小就一直被迫只看一个方向,所以根本想不到还有别的路可走,反而会说:"我好像是个笨蛋。别人都可以,只有我不行。"还有什么比这更大的委屈吗?

每个孩子都有自己的长处、短处与个人志向。希望各位父母不要按照自己的意愿推翻一切,犯下过错。父母要做的是帮助孩子最大限度地发挥自己的潜能。孩子应该如鱼得水般尽情游向世界,而不是在树底下挣扎着喘不过气来。

父母一辈很可能就是这样被养育成人的,因为到目前为止,不考虑个性和天资,仅仅依靠优异的学习成绩,大多数人能达到更高的社会阶层。然而,世界的模式正在迅速改变,学历的重要性逐渐下降。或许现在就能感觉到,当孩子们长大成人以后,世界格局的变化会更加巨大。因此,如果督促孩子按照别人的方式发展自己,孩子就会十分痛苦,未来也不会具备更大的竞争力。

有的父母可能会诉苦说:"其他孩子都在爬树,如果只有我家孩子垫底,我会感到非常不安。等到其他孩子功成名就,我们家孩子却连自己都照顾不好,那该怎么办呢?"

俗话说:"只有死鱼才会随波逐流。"不加思考,像死鱼一样随波逐流,在生活上也只会追随别人的脚步。如果水流的尽头是悬崖,又会怎么样呢?尤其是在产业和经济结构剧变的现在,与其跟随过去的浪潮,不如独立思考,走自己的路。父母不仅要这样生活,更要这样抚养孩子。

拥有丰富体验的重要性

有的父母会问:"如果想找到孩子的特长,是不是应该上很多补习班呢?"孩子不一定要去补习班或接受课外辅导才能找到适合自己的领域。看电视的时候,他也会对某些特定的东西感兴趣。如果想给孩子找点儿有趣的东西,就先带他体验各种活动吧。比如孩子喜欢音乐,可以带他去看演出;或者孩子喜欢画画,可以一起去美术馆;如果孩子喜欢运动,就可以去看体育比赛。

并非只有去补习班才是探索和体验。我曾见过这样的事例。父母为了丰富孩子的经历,让孩子一下学了很多东西:钢琴、小提琴、跆拳道、游泳……孩子同时学习那么多,在某个瞬间遇到瓶颈，心理出现了问题，父母这才慌忙来咨询。

所谓体验，并不一定非得是专业学习。如果问一个优秀的芭蕾舞演员跳芭蕾舞的动机，得到的答案或许并不是"小时候在培训班跳得很好"，更有可能是"八岁第一次看芭蕾舞，很受触动"。再比如，很多电影导演也是因为童年时期看了某部电影受到启发而走上电影之路。如果无法体验各种生活，只待在房间里学习，会是什么样的状况呢？还是让我们敞开胸怀，拥抱各种灵感和体验吧。

不过，我并不是说送到补习班就一定不好，而是说，不要为了挖掘潜力而把孩子送到多个补习班。双职工夫妇很难照料孩子，所以只能送孩子去补习班。在这种情况下，比起学科类补习班，我更建议考虑艺术或体育类以及可以玩耍的地方。也就是说，尊重孩子的喜好，让他（她）自己决定去哪里。懂得享受自己兴趣的孩子，在学习疲劳时，更不容易依赖打游戏来休息。此外，父母还要多为孩子提供与同龄人交流玩耍的机会。不管体育还是音乐，都应该和其他孩子一起愉快体验。

如果父母因为工作而不能陪伴太久，只能将孩子送去补习班，也不用对此感到内疚。在幸福的父母身边长大的孩子，更有可能成为幸福的人。每个孩子各有所长，父母也是如此。父母幸福地做自己的事情，同时掌握好育儿的基本原则，孩子就能茁壮成长。如果父母忽视了自己的幸福，也很难培养出幸福的孩子。

驯养师陷阱

最近，我听说了这样一件事：一位母亲对孩子的教育很热情，督促孩子努力学习，还为他报了很多补习班。孩子好像也跟得上。但谁也没想到，事情出现了反转。孩子上初中以后突然变得叛逆了，表示以前是因为妈妈喜欢才照做。陷入苦恼的母亲听过我的演讲，改变了主意："原来我不应该这么折腾孩子啊。我不是驯养师，而是要成为孩子的帮手。"

母亲变了，孩子也变了，不再忧郁，变得开朗起来。这位母亲以前让孩子学了那么多，现在却集中精力寻找孩子的优点，问孩子做什么的时候感到幸福，尊重孩子的多样性，倾听孩子的意见。母亲认真倾听之后，才发现这个孩子喜欢亲近大自然，因为喜欢动物，所以想在后院挖池塘养鸭子。更令人惊讶的是，孩子还画出图纸，花费几天时间亲自挖了池塘。以前做父母安排的事情时，孩子只待在房间里郁郁寡欢，现在明显变得开朗起来。

这位母亲彻底醒悟，舒了一口气。"后院那么小，挖什么池塘？""养鸭子有什么用？"如果母亲这样质问孩子，会怎么样呢？孩子或许会一直忧郁下去，按照别人的标准，听别人的话，硬着头皮生活。不过，当孩子找到了自己想做的事情时，他就像即将枯萎的花朵遇到甘霖一样尽情盛开。

父母如果对孩子的兴趣不满意，就会选择无视；如果好好尊重和倾听孩子的兴趣，就会发现多种可能性。既可以学习地理，也可以学习生物，从兴趣扩展到学业。在孩子长大成人的未来，做自己喜欢的事情，幸福之路才会更宽阔。即使没有发展为终身职业，也可以成为增加幸福感的兴趣爱好。更重要的是，这个孩子的想法得到了父母充分的倾听与尊重。如果父母尊重孩子的多样性，孩子就会知道自己的存在价值，可以走上更加幸福的道路。

各位父母，克服心中的恐惧，鼓起勇气吧！比起几十年涌入相同方向的旧浪潮，发挥孩子的独特潜质才是培养未来人才的道路。如果不教给孩子"每个人的多样性具有绝对价值"，只能走一条路，比如"考上名牌大学、进入大企业才有价值"，那么做不到的人难免感到自卑和挫败。缺乏多样性，人就容易产生自卑感，而自卑感与低自尊感密切相关。

如果沿着老路走下去，长大后成为所谓的1%精英，也很容易产生优越感或者傲慢心理。在那种心态下，很容易不懂得尊重别人。韩国社会的"颐指气使"文化，是不是根源于此呢？"我很优秀，所以坐在这个位置；你一无是处，只能承受那些"，以此划分人的等级。而且，就连进入"上流社会"的1%"成功人士"，走的也经常不是自己的路，而是遵从别人的指示，生活满足感与幸福感极低。

希望各位父母不要跌进驯养师陷阱，向着自己想要的方向疯狂训练孩子。父母应当成为帮手，尊重孩子，同时帮助孩子寻找自己的"水源"。只有这样，孩子才能具备自主性，拥有健康的自尊感，懂得寻找自己的道路。

父母练习
理解孩子

父母了解自己以后,接下来需要了解一下孩子的优点和长处、拥有什么样的智能,并思考其相关职业。

Q:孩子有什么优点和长处?
_____
_____

Q:写下孩子的多元智能发展测评结果。
- 首选项:_____
- 第二顺位:_____
- 第三顺位:_____

Q:孩子的多元智能的相关职业有哪些?(这种做法有助于理解多种职业的可能性。)
- 首选项:_____
- 第二顺位:_____
- 第三顺位:_____

水：父母传递的信息

无条件的爱与绝对存在价值

让我们来了解一下"煮饭疗法"中的水，即爱与保护。很多人认为父母的爱与保护是本能，没必要学习。然而，我们却经常看到父母以错误的方式进行爱与保护。父母需要学会正确的关爱和保护方法，其实只要做好以下这几点。

首先，父母要表达"无条件"的爱。现实中，有条件地表达爱意的父母出乎意料地多。父母向孩子传达爱的信息时，一定要注意是否带了附加条件。其次，不要误以为无条件的爱就是不能教导孩子，只能传递正面信息。教育当然是父母的重要责任之一。此外，父母还要说明，孩子具有绝对的存在价值。绝对存在价值的反义词是相对存在价值，即与他人进行比较而来的存在价值。父母应该首先明白，自己的孩子不是与邻家孩子相比才有存在价值的，其存在本身就有价值。让我们再来听一听父母经常挂在嘴边的爱与教导的信息，各位父母在自己的成长过程中应该也经常听到这些话,现在,不妨先想想自己常说的话是什么。

"只有学习好,才不会被无视。你这副样子,长大后会被人看不起。"

这句话的严重程度,不亚于直接教给孩子"相对存在价值"。人从出生的那一刻开始,就具备应当得到尊重的绝对存在价值。只有你学习好,才能成为值得被尊重的有价值之人;如果你学习不好,根本得不到尊重——这种说法简直错得离谱。而且,有的人即使再努力,也有可能做不好,于是感到自卑与自责。我们再来做一个相反的假设:孩子学习很努力,成绩也很好。那么,孩子就很容易暗自觉得可以无视学习不好的人。因此,这句话隐藏着非常危险的含义:人本来就有等级之分,身处高位的人可以无视底层之人,你遭到无视都是你的错。韩国经常出现校园暴力问题。不重视绝对存在价值,可以无视不如自己的弱者,潜移默化接受这种信息的孩子们怎么会互相尊重呢?此外,施暴学生也有可能曾经遭受过某人的蔑视、恶言或暴力。作为父母,必须告诉孩子"人的绝对存在价值"!

还有一句话也常被使用。

"听说别的孩子都很听妈妈的话,回家马上做作业。你不听话,妈妈不爱你了。"这句话的意思是:如果你听话,赶快写作业,我会爱你;如果你不做,我就很难爱你。

"这么不听话,自己搬出去随便过吧。"尤其在孩子更迫求自主性的青少年时期，父母经常会这样说。这种信息也否定了无条件的爱，甚至可以理解为"我可能会抛弃你"，这会对孩子造成很深的伤害。

那么，下面这些话怎么样呢？

"那么胖不觉得丢人吗？减减肥吧。"

"个子那么矮怎么行？就业、结婚能顺利吗？早点睡，据说多睡觉就会长高。"

就算没有这么严重，父母也会经常随意说出对孩子体重、身高或其他外貌特征的主观评价。孩子听到这样的评价，会从外貌延伸到对存在本身的价值产生怀疑。这种评价向孩子传递了相对存在价值的信息：外貌出众才有价值，否则就没有价值。

这种话听得多了，孩子长大以后不仅会以此标准衡量自身价值而感到痛苦，还会引发轻易判断他人价值的弊端。

传达爱与肯定的信息

有一种十分简单的方法，可以传达无条件的爱和绝对存在价值，那就是"20秒拥抱法"。父母拥抱孩子20秒，大多数孩子都会很喜欢，感到非常幸福。如果孩子不喜欢拥抱，则不建议强迫孩子，可以摸摸头、轻拍肩膀或背部来代替。在20秒内紧紧拥抱，放松身体，同时传达两种信息：

第一个是"我爱你",无须附加条件,不管发生什么事情,都会始终如一地爱你。接下来,再加上存在价值的说法会更好。像以下示例那样,告诉孩子他的存在本身就已经如宝石、星星般珍贵。

"宝石般的女儿,星星般的儿子,爸爸妈妈真的很爱你们。"

第二个是认可的信息。所谓认可,就是"我明白你的辛苦付出",无论情感还是肉体。在认可的基础上,再进一步就是表达感谢。我们会对快递员和餐厅服务员说"谢谢",就是认可他们的付出的意思。

有些父母经常对孩子表达爱意,却很少说"谢谢你的辛苦"。孩子虽然看似在胡闹,但从他们自身的立场来看,他们是在努力,相当辛苦。很多父母不会对跑腿的孩子说"谢谢"。表扬孩子"做得好"也很不错,但"感谢你的帮助"同样非常重要。认可孩子的辛苦,可以参考以下几种表达。

"弟弟经常折腾我,谢谢你今天陪他玩。"

"虽然今天不想去幼儿园,但还是去了,真了不起。"

承认和感谢孩子的努力和辛苦,再也没有比这更让孩子感到满足的话了。

当然,父母会和孩子有矛盾,孩子也会有失误或犯错的时候,该批评就要批评。但不管发生了什么,在一天的开始与结束的早晚时分,我希望各位父母依然可以对孩子表达无条件的爱。就算孩子的事情没做好,父母也要在睡前说"这件事并不容易,谢谢你的努力";即使两个孩子吵架了,父母也要在睡前说"虽然偶尔吵架,但还是相处得这么好,感谢你们";即使孩子哭哭啼啼地去了补习班,也要告诉孩子"谢谢你,虽然今天想休息,但做好了自己的分内事"。

虽然在已经成年的父母看来,孩子会犯错,也会耍赖,但孩子已经在发育过程中十分努力了,只是能力尚且不足而已。所以,父母要告诉孩子:"今天的事情很辛苦,但谢谢你的努力,我们会逐渐成长的。"如果想不出这种话,也不要因为遣词造句而感到压力,只要说一句"谢谢你作为妈妈(爸爸)的孩子来到这个世界""谢谢你今天也健康度过"就够了。

称赞的时候需要注意,应该称赞过程,而不是结果。如果孩子考了满分,不建议说"你考了满分真不错",而是"你真的很努力,非常棒"。如果父母对考满分表示认可,那么孩子就会觉得下次没考满分是自己的错,或者这次是因为完美的分数而得到了认可。

当然,以下两句话将孩子的绝对存在价值表达得最充分:

"非常感谢你做妈妈的女儿。"

"谢谢你像星星一样来到我身边。"

像这样对孩子的诞生和存在本身表示感谢,孩子的内心就会因为父母的爱和认可而变得丰富,成年以后也会把这些深情温暖的信息深深铭刻在心。

我怀着无比恳切的心情,经过几年艰难的治疗,仍然没有怀上孩子。因此,如果有机会拥有一个孩子,那就是无法估量的福分,也是值得感谢的事情。

让我们一起拥抱 20 秒，同时记住"我爱你"和"谢谢"。

"20 秒拥抱法"，同样适用于配偶。丈夫特别喜欢对我说"谢谢你为了我们的生活努力工作"。从成年人的立场来看，也没有人不喜欢听这样的话，因为爱和认可是人际关系中最渴望得到的情感需求。因此，作为父母，一定要向孩子传递这些信息。刚开始可能会觉得别扭，习惯就好了。如果孩子稍微大一些，不愿意拥抱，抚摸肩膀或后背、发短信、留字条之类的方式也不错。在这样的语境中长大的孩子，自尊感强，内心坚定有力，不容易崩溃。当然，与父母的依恋关系也会越来越强。

"20 秒拥抱法"最好早、晚进行。即使有三个孩子，也只需要 1 分钟而已。这种仪式既不需要多少时间，也不需要花费金钱，而且对孩子的情绪稳定和自尊感有很大帮助，效果显著，可谓性价比最高的方法。各位父母一定要把这种仪式当作家庭惯例。只要做好这点，"煮饭疗法"的水——爱和保护也会做好。除此之外，其他的小问题不用太担心。孩子即使在家庭之外遭到无视或没有得到尊重，也只是暂时伤心，不会忘记自己的绝对存在价值。

第一句话共情法

在日常生活中，如何表达认可呢？沟通过程中的共情就是认可。当孩子说出某种想法时，父母可以像这样表达共情："原来你是那么想的啊。我明白你为什么这么说。"除了表达爱意，"我理解你的做法、你的感受"，这种认可和共情也很重要。在由父母配合、孩子主导如何玩耍的"P.R.I.D.E 法"[1]中，也有很多共情表达。共情的表达方法多种多样，其中最简单的是反射、模仿与描述。

这称作"第一句话附和法"。不管孩子说什么，父母的第一句话都是表达共情。例如，孩子说"我饿了"，父母回答说："还没到 12 点就饿了吗？""为什么又饿了，刚才不是吃了零食吗？"这就不是"第一句话附和"。

孩子说"肚子饿"，父母立即附和说"肚子饿了啊"，就是"第一句话附和法"。这种回答传达给孩子的信息是：我听懂了你刚才说的话。如果还没到吃饭时间孩子就饿了，父母可以先表达共情，然后对孩子说："还没到吃饭时间，先吃点水果，等会儿再吃饭吧。"

孩子放学回家，抱怨"学校太没意思了"，父母回答说："上学是因为有意思吗？是去学习的吧？"这不是"第一句话附和法"。"哦，今天学校没意思吗？"父母应该像这样首先反射式回答，告诉孩子自己听明白了，然后问孩子："发生了什么事吗？为什么那么没意思呢？"以此表达好奇心，认真倾听孩子的说明，并回答说："原来如此。妈妈当年也和你一样。因

---

[1] 详见本书第二部分第四章。

为学校是学习的地方，所以可能会有那种感觉。但我觉得，还是会学到一些东西。"像这样引导孩子就可以了。

先表达共情，再说出想说的话也不晚，所以不要着急。不管孩子说什么，如果父母从刚开始就予以否定，孩子就会越来越不愿意对父母说话。夫妻关系和朋友关系也一样。得到的共情越多，就越想对那个人倾诉，这是人之常情。

倾听孩子的话，不等同于完全遵从孩子的意愿，必须区分共情和"你说得对"。父母的其他意见或教导，在表达共情之后，再好好教给孩子就可以了。实际上，自己的立场和想法得到充分认可的孩子，更愿意接受父母的教导。"听了你说的话，理解了你的情况和情绪。"父母首先表达共情，然后再施教也不迟。特别是陪孩子玩儿的时候，游戏不需要标准答案，教育也不是首要目的，所以要更多地共情孩子。有些父母会一直试图纠正孩子在游戏中表现出来的某些反常言行。连在游戏中的想法也得不到认可，孩子还能在哪里尽情地表达自己的意见和想法呢？

各位父母注意自己回答孩子的第一句话是否表达了共情的同时，也可以反思一下成年人之间的交流，哪些是共情，哪些是教导、提议或者批判。争吵与矛盾的发端往往是立场没有得到理解和认可。只顾着表明自己的立场，则更加不认可对方的话。通过"第一句话共情法"，练习充分倾听与共情，就会感觉到争吵与矛盾的频率明显降低。

像这样观察自己和别人之间的相互作用，就能区分某种反应是不是共情，也可以明白自己的感受。如此一来，也会自然而然地对孩子产生更多共情反应。虽然还有很多更高水平的分阶段共情对话法，但"第一句话附和法"可以通过简单的方式表达共情，希望各位一定要试试看。

父母练习
增强孩子的自尊感

通过无条件的爱和绝对存在价值的信息，可以培养孩子的自尊感。写下可以增强孩子自尊感的话，然后说给孩子听。

Q：写下可以向孩子表达无条件的爱的话。

_____
_____
_____

Q：写下肯定孩子绝对存在价值的话。

_____
_____
_____

水：
增强自尊感的剥核桃疗法

堂堂正正承认缺点会带来什么

自尊感下降的原因，通常源于自己的不足和缺点。

"剥核桃疗法"是指通过拥抱自己的缺点，提升自尊感。父母既要教给孩子，自己也要了解。

众所周知，核桃壳很坚硬。当认为某方面是自己的弱点时，我们就会将其隐藏起来，或者包上坚硬的外壳，想办法遮掩。然而，为了隐藏自己的缺点而裹上包装，精神也会很疲惫。而且，如果只看到彼此包装后的样子，我们可能会产生"别人很完美，只有我全是缺点"这样的错觉（自尊感会更低）。倒不如直接堂堂正正地表现出自己的缺点，这种逆向思维就是剥核桃疗法。

"我也有这方面的弱点，这是我的短板。"不要难为情地遮遮掩掩，而是以堂堂正正的姿态表现出来：外壳之下的我，是一个不错的人。与其否认自己的不足，不如积极地拥抱它，堂堂正正地表现出来，其他人反而很难对此说三道四。

我患有严重的注意力不足和过剩行动障碍（ADHD，俗称多动症）症状。不过，我不会因为羞愧而隐瞒事实，而是在与别人刚见面时就像剥核桃壳一样堂堂正正地实话实说："我有这样的一面，但这反而能产生很多创意，有助于快速解决问题。"像这样说出来，它就不再是弱点，我的心里也轻松多了。

成为英国王妃的美国演员梅根·马克尔，脸上长了很多雀斑。她没有选择刻意遮掩或者手术清除，反而主动说："没有雀斑的脸就像没有星星的天空。"

我们应该明白，我们所认为的自身缺陷，并不是绝对的缺陷。这种主观认知大多源于人为定义（或习惯性认识）。因此，父母千万不要犯这种错误，把这些不值一提的观念灌输给孩子。据说，梅根·马克尔从父亲那里学到了把雀斑比喻成星星的表达方式。父母的影响就是这么巨大。

不过，在剥核桃疗法之前，有一个必备过程，那就是确信"包括我的弱点和缺点在内，我是一个有价值的人"。建议早、晚练习深呼吸，并对自己说"我是有价值的人"。这种方法叫作"自我肯定"或"自我暗示"。即使当下没有太大变化，但只要像这样相信自己是有价值的人，就会在行动上更加尊重自己，也会远离不尊重自己的人与环境，懂得拒绝。

如果确信坚硬的核桃壳里的自我是一个不错的人，就可以自信地实践剥核桃疗法了。通过这种疗法，因"弱点"而降低的自尊感就会自然而然地提高，心理也会更加健康。

核心信念的重要性

认知行为治疗（Cognitive Behavioral Therapy）是精神治疗的方法之一。这种治疗方法的基础是，想法决定情绪，情绪影响行动。即如果帮助人们改变想法，情绪和行动也会有所改变。

这个理论将所有认知的根源视为"核心信念"，它包括对自我、他人和对世界的基本信念。

核心信念之所以重要，不仅是因为思想产生情感，情感促成行动，而且随着这种情况的反复，信念还会逐渐影响事情的结果。积极信任自我、他人以及世界的人，会逐渐创造值得信赖的环境，与之相反的人则会逐渐积累负面结果，越发固执地认为自己正确。我们生活的世界里没有绝对现实。因为现实就是起初通过感觉，看到、听到、感受到正在发生的现象，然后在大脑中自行解读和理解所掌握信息的结果。我们出身不同，在不同的环境中长大，即使面对同样的现象，解读方式和接受程度也各不相同。根据想法的不同，每个人感受到的现实也会有所差别。因此，核心信念尤为重要。

例如，如果某个人的核心信念是"我不会被爱"，即使有了爱人，也会因为一些小矛盾而感到绝望："是啊，怎么会有人真心爱我呢？"渐渐地，双方关系变得越来越难，最终无法维持。"没人爱我"这种想法导致当事人忧郁加重，更加不愿见人，变得越来越孤僻。

作为一名精神科医生，我目睹了很多这种情况。而且，在咨询师和精神科医生的治疗中，很大部分就是帮助患者纠正这种主导人生的负面核心信念。

对自我的核心信念来自幼时

在所有核心信念中，最重要的是对自我的核心信念。对自我的健康信念是自尊感的基础，最好从小开始培养。

"你像是天上闪耀的星星。星球上有火山口，也有裂痕，那些特征组成了星星。每个人既有优秀的一面，也有不足的一面；既有强大的一面，也有弱小的一面。包括这些特点在内，存在本身就是美丽的星星。如果仔细观察宝石内部，就会看到瑕疵，但这些也是宝石的一部分。"

孩子也可能会因为外貌而遭到嘲笑。例如，孩子说："同学取笑我个子最矮。"有些父母可能只会回答："补钙能助长，运动也会长个儿，我再给你买双增高鞋。"这种态度相当于教给孩子，如果个子矮，价值就会下降。有些父母可能会问："现实不就是如此吗？"我在美国生活，感觉韩国社会尤其重视身高的价值（也许热衷于给孩子喂饭的文化也与此有关）。

如果走向世界，就会发现身高并不是什么大问题。在美国，不仅是身高，肤色也非常多样，体型和外貌千差万别的人们聚在一起生活，很难确定哪种标准更好。因为没有特别的标准，所以任何外貌特征都不是缺点。例如一些演员和歌手，比如汤姆·克鲁斯、布鲁诺·马尔斯、娜塔丽·波特曼等，个子不高，但魅力十足。不管孩子具有什么特性，父母都要这样说："这是你的专属特性。包括所有特性在内，你是一个有价值的人，是一个不错的人。"父母自己也要以这样的态度生活。孩子耳濡目染，就能学会这种态度。

如此一来，孩子的自尊心就会自然而然地增强。"我是值得被爱的人"这种核心信念会深入骨髓。不管别人说什么，无论遇到什么情况，"我是一个不错的人"这种想法都不会轻易动摇。而且，心存这种信念的人会为自己创造受尊重的环境。创立美国福特汽车的亨利·福特曾说："无论你是否相信自己能做到，你都是对的。"这句话很好地说明了一点：信念会逐渐变成现实。

父母一定要帮助孩子树立"我是值得尊重的人，我是值得被爱的人"这样的核心信念，让我们的孩子在尊重与爱的现实中生活。

父母练习
和孩子一起克服缺点

实践堂堂正正表现出来的剥核桃疗法,拥抱自己的不足和缺点,以此增强自尊感。

Q:思考并写下自己的不足和缺点。
_____
_____

Q:询问并写下孩子的不足和缺点。
_____
_____

Q:写下拥抱自己的不足和缺点的健康核心信念。(例:我很难交到朋友,但还是有一个好朋友。包括这个缺点在内,我真是一个很不错的人。综合所有,我是一个有价值的人。我的存在本身就已经很有价值。)

- 父母:_____
- 孩子:_____

水：
增强敏感孩子自尊感的身价疗法

敏感，也能坚不可摧

各位父母是敏感的人吗？周围有敏感的人吗？事实上，我们通常所说的"敏感"性格，很多从小就会显露出来。有些孩子天生对变化特别敏感，遇到陌生人总是躲在妈妈身后。这种孩子可能更容易感到不安，对他人的状态，反应也更加敏感。"妈妈现在心情好不好？""我们家的人心情怎么样呢？"孩子可能会异常敏感，心存各种疑问。

这种孩子很在意别人的想法，看别人眼色。别人只是随口一说，他（她）却可能受到伤害。除了天生性格因素，自尊心低的时候也会出现这样的反应。

敏感型孩子的父母会非常担心：孩子如此敏感，长大后能否好好生活，会不会每天被别人欺负呢？

所有性格都有优缺点，就像硬币的正反面一样。敏感看起来是缺点，但也有好的一面。细心、关注他人的态度，意味着有很强的共情力和爱心。如果好好发挥这种价值，反而会成为优势，甚至可以成为领导者。共情力强的人和没有共情力的人当中，人们更愿意选谁当领导呢？当然更喜欢前者。

另外，敏感的孩子一般观察力很强，会仔细观察别人说什么、情况如何发展。这样的人善于观察和记录细节，很可能成为学者。不仅如此，他们讨厌不舒服、有矛盾的情况，所以善于让步。让步其实是一种很成熟的表现。虽然过于让步也不好，但如果合理地培养这种特质，就可以成为善于理解他人需求、出色的冲突解决者。敏感的孩子大多安静而内向，喜欢独处，自我反省的能力也很强。他们往往想法很多，思考更深刻。有资料显示，被誉为"世纪观察者"的查尔斯·达尔文与和平主义者甘地都是敏感型性格的代表人物。

因此，父母没必要认为应该对敏感的孩子进行改造，改变其性格。人的性格多种多样，其中有优点也有缺点，只要集中于优点就可以了。

孩子可能会因为自己的敏感性格而感到痛苦。"没什么大不了的，不必担心。"如果这样说，父母就违背了前面所说的共情原则。"你心里不好受吧？"不妨以这种第一反应来肯定孩子的想法，并且告诉孩子，这种性格也有优点。"你的观察力太好了，记录得真仔细。"像这样称赞孩子的优点，帮助孩子发挥自己的独特潜能。

如果父母为孩子培养了健康的自尊感，孩子即使在学校听到一些伤人的话，也不会将其内在化。"我为什么这么小心眼呢？真是个奇怪的人。"孩子非但不会在心里这样嘀咕，还会洒脱地回应："人各有异，有点儿敏感不一定是坏事，也有好的一面。"

这样长大的孩子，即使受到外界的风吹雨打，也不会立刻消沉，而是很快振作起来。只要父母履行好"煮饭疗法"，敏感的孩子也会坚不可摧。在此基础上，再通过提高孩子的自尊感，将敏感转化为优势。

你教给别人如何对待你

为了培养敏感孩子的自尊感，我想特别介绍"身价疗法"。如果给世人定价，谁的身价最高呢？当然是我自己。为了便于理解，可以这样给孩子举例：如果我的身价是黄金万两，那么别人的价值不可能比这更高。

但我并不是想表达"我是世界上最重要的人,世界要以我为中心"这种傲慢的思想。而是说,虽然我们应该尊重每个人,但事实上,首先应该尊重的人是我们自己。

不尊重自己的人说要尊重别人,真是讽刺。不尊重自己的人,能真正做到尊重其他生命吗?

自我尊重极其重要,是自尊感最坚实的基础。然而,有些孩子却总是抬高他人的身价。例如,有的孩子因为担心朋友心情不好而不敢说该说的话,更糟糕的情况是,成为对朋友唯命是从的小跟班。

如果孩子的朋友借了玩具不还,而孩子怕朋友不高兴,所以不敢开口。听完孩子的想法,父母可以充分共情他的不适心理,然后这样回答:"原来你担心朋友会不高兴啊。妈妈以前说过,你的存在本身就非常珍贵。每个人都是独一无二的存在。你是无价之宝,别人并不比你更加珍贵。担心对方不开心而不敢说出合理的话,这不是一种健康的心理。明天告诉朋友:'如果玩具玩好了,请还给我,我现在需要。'"

像这样,先给孩子讲道理,再教技术。如果孩子依然难以开口,可以和孩子一起练习情景剧。父母先示范一遍,然后扮演朋友的角色,让孩子练习开口表达。"很不错,真勇敢",记得像这样称赞孩子。如果孩子声音慢慢变小,父母就要进行技术指导:"像妈妈这样提高嗓音。"通过这种练习,孩子会逐渐敢于说出自己的想法,不必被迫接受不当要求,成长为一个堂堂正正表达自我的大人。

除此之外，父母还要教孩子一个道理。有这么一句话："你教给别人如何对待你。"容忍别人对自己不屑一顾就等于教给别人可以那样对待自己。你必须告诉对方："我不能接受你那样对待我。"父母一定要教育孩子从小开始练习与那些不公正对待我们的人划清界限，告诉他们"不能那样对待我"。

遗憾的是，如此敏感、善于体谅别人心情的人，通常会遭到无视。如果关怀他人的同时不懂得表达自我的正当意愿，对方就会认为我们的关怀和辛苦是免费服务。

尤其是对于敏感的孩子，一定要尝试这种身价疗法。人与人之间的关系如同一杆秤，无论哪一方位置低，都是不健康的关系。在珍惜自己的同时，也要尊重对方，这样才能平衡关系。父母应当先认识到这一点，然后教给孩子。

父母练习

增强敏感孩子的自尊感

敏感也意味着良好的共情力与强烈的爱心。和孩子一起尝试培养敏感者自尊感的身价疗法吧。

Q：和孩子一起思考敏感性格的优点。
_____
_____
_____

Q：思考自己的重要性，写下想对自己说的话。（例：我像天上的星星。我的存在本身就有价值。包括我的所有特点，我是一个有价值的人。）

・父母：_____
・孩子：_____

火：
价值和心态，将伴随孩子一生

务必教给孩子的四种价值

现在了解一下煮饭的基本要素——火，即价值和心态。从本书第一部分可以看出，世界上有很多重要价值，每位父母追求的价值也不同，需要教给孩子的价值也有很多，但可以选出四种务必要教给孩子的基本价值。与其强行灌输过多价值，不如只教这四种。只要教好这些，父母无须过多担心，孩子必定会成长为优秀的大人。

价值好比基础工程，建房子的第一步就是挖地打桩。如果价值教育不完善，即使其他方面做得再好，只要暴风来袭，房子很容易就会晃动或倒塌。

诚信与责任感

第一个价值是诚信，指的是人的言行正确、真实。这也与"正直"相通。据说，美国投资家巴菲特选拔人才时只看三个方面：第一个是"聪明才智"（Intelligence），第二个是"主动性"（Initiative），第三个是"诚信"（Integrity），即"3I标准"。

巴菲特曾说，不管前两项多么优秀，如果没有诚信，雇佣这样的人就会"吃大亏"（It will kill you）。一个聪明主动但缺乏诚信的人，有可能成为诈骗犯，如果这样的人当了领导，组织有可能面临腐败的风险。

教育孩子的基本态度不是指责，也不是训斥，而是立刻引导。尤其是有机会传授价值时，父母最好以此为基础进行教育。假设孩子在抄作业答案，父母不要质问孩子"为什么要抄袭"，也不要指责孩子懒惰，或者教训孩子"这样做毫无意义"，而是要教给孩子价值："我说过人最重要的价值是真诚和正直，对吧？抄作业是一种正直的行为吗？"

说到第二个价值，已经有相当多的父母在强调并教导孩子：责任心和勤奋，即尽最大努力做好分内事。然而，过分强调结果，就会无视过程。父母要注意，坚决不能采取"只看结果，不择手段"的方式。

那么，具体应该怎么做呢？举个例子吧。假设孩子要扔垃圾，但看电视入了迷，觉得扔垃圾太麻烦，所以没去扔。此时,父母可能会这样说:"你不是说扔垃圾吗?怎么没去呢?每天只看电视,你就没什么正经事可做吗?"

与其这样指责孩子,不如对其进行价值教育。父母不妨这样说:"我以前告诉过你,尽全力完成自己负责的事情很重要。你今天负责扔垃圾,你尽到责任了吗?"

贡献与关爱他人

第三个价值是贡献。说到贡献,有人可能会说:"不就是做好人好事吗?"事实并非如此。贡献不仅意味着捐赠或志愿活动,还有发挥自己的才能,做一些对他人和世界有帮助的事情。例如,擅长设计的人制作优秀影像,贡献的同时也会成为一份工作,因此拿到酬劳。一般来说,做出的贡献越大,收到的酬劳就越多,当事人也会得到更多的机会。因此,越是做出巨大贡献的人,越能在社会上取得更大的成就。

因此,父母要教孩子从小做贡献。只要告诉孩子,成为对自己所属集体有帮助的人就可以了。首先教孩子作为家庭成员不要只顾享受,而是负责能够起到帮助作用的事情。比如,从小教育孩子饭前摆放碗筷,饭后收拾打扫是他(她)们可以承担的责任。

"什么都别做,我都会为你做,你学习就行了。"这句耳熟能详的话,完全有悖于教孩子做贡献的价值。接受这种教育的孩子或许学习成绩会更好，但成年后不懂得应该如何为集体做贡献。他也许能做好别人分配的事情，却很难成为领导者。不知道贡献的价值，只是按要求行事的人，很难在工作中找到更大的意义。而做贡献的满足感，会赋予人极大的内部动机。贡献不仅是孩子成长发展的必备要素，也是整个社会相互帮助和发展的需要。

听我讲课的某位母亲讲过这样一个故事。这位母亲教七岁的孩子放学回家后拿出餐具盒和水壶放进水槽里，但孩子拒绝了，让妈妈帮忙收拾。于是，母亲试着为孩子买贴纸，给孩子零花钱，还称赞孩子（各种外部动机），却怎么也无法说服孩子承担起责任。

后来，这位母亲在听过我的价值讲座后改变了教育方法，对孩子说："如果你把餐具盒和水壶放在水槽里，就会成为对家人有所帮助的人。"因为这句话，孩子变了，回到家后马上把餐具盒和水壶放进水槽里。孩子的态度为什么发生了改变呢？因为在此之前，孩子不懂意义和价值，只是讨厌被妈妈指使。再看现在，这件事被赋予了"贡献"的意义和价值。"我虽然才七岁，但这样对家人有所帮助。"这种自我满足的想法，产生了强烈的内部动机。

将贡献的意义延伸，父母需要教给孩子的第四个价值是关怀。企业只选拔成绩优秀、工作出色的人吗？并非如此。企业还会考虑一个人是只追求自己成功，还是与别人一起发展。雇主当然会选后者。父母应该教育孩子从小学会关怀他人。无论做什么事情，都要考虑别人的立场，不能给别人带来损失，而是要给他人带来好处，在生活中彼此帮助。

比如，孩子把客厅沙发弄得乱七八糟，父母与其指挥孩子"打扫一下"，唠叨"家里怎么这副样子"，不如像这样教育孩子："客厅里到处都是你的东西，妈妈没地方舒服地坐着休息了。互相体谅，懂得为别人着想非常重要。"如此一来，孩子也会用这种价值来对待自己。这种方法不仅可以传授"关怀"的价值，也可以很有效地教育孩子学会收拾整理。不同的教育方法还有很多，但较为复杂的对话方法在实际情况中很难应用。像这样通过传授四种重要价值来规范孩子行为的方法就比较简单，大多数父母都很容易掌握。

就像做饭时不能摸黑做一样，只要有机会，就要持续向孩子传授四种价值。

积极的心态

教给孩子生活的心态，与前面强调的价值教育同样重要。虽然心态也有很多种，但正如包括我在内的很多专家所说，对生活最有帮助的是"积极的心态"。

积极的心态不等同于"一切都会好起来"的态度。这种态度不仅不现实，未能如愿时还会带来更大的失望和挫折。积极的心态是，在任何情况下都保持"好坏共存"的观念。生活中会有好事，也会有坏事。但是，无论什么事情，几乎没有百分之百的好与坏。

性格也一样，没有百分之百的好或坏。这一点也要教给孩子。孩子在人生旅途中难免会遇到挫折，也可能会跌倒。提前学会这些价值的孩子，面对困难不易受挫，也不会在顺风顺水时变得傲慢。

有个十岁的孩子喜欢玩耍，放学后会去游乐场玩儿三小时，父母也支持他玩儿到尽兴。某天，有个玩伴确诊新冠，游乐场关闭了。孩子十分悲伤，像是发生了什么难以承受的大事一样。

妈妈不知所措，半信半疑地把我的讲义转述给孩子："听说世上的任何情况都不是单纯的好或坏。在看起来不太好的情况下，也会有好的一面。"

孩子回答说："游乐场关门了，能有什么好事呢？"妈妈无言以对。

到了傍晚时分，孩子笑呵呵地拿回来一束花。因为游乐场关门，所以孩子去了别的地方，花坛上掉落了很多花，捡花玩儿也很有趣。"妈妈说得对。如果游乐场没关门，我怎么会知道这些呢？"

孩子喜欢用电脑写小说，某天没能保存下来，写好的文字全部消失了。孩子非常伤心。几个小时之后，孩子却主动对妈妈说："被迫重写的时候，我又想到了一个好角色。如果那些文字没有消失，我可能就不会想到这个好角色了。"

妈妈已经忘记了半年前的教诲,孩子却铭记于心。儿时学到的价值和心态,会印在孩子的脑海里。价值教育将伴随他一生。不妨想象一下这个孩子今后的生活:拥有积极心态的孩子,在生活中遇到任何坏事都不会绝望,而是寻找积极的一面,比起没有学过这种价值观的孩子,会更加勇敢,富有弹性恢复力。

最好的教导是"言传身教"

父母在教给孩子价值和心态之前,有必要铭记一点:父母自己做出不重视价值的行为,却教给孩子价值,这不仅十分矛盾,而且几乎不可能有所成效。最好的教导是父母做出榜样。如此一来,孩子就会暗自学习,认为应该这样生活。虽然孩子在外面可能会受到其他大人或朋友的影响,但父母的影响是无法比拟的。只要从父母那里学到的价值足够坚实,孩子面对外界的干扰可能会暂时退缩,但不会被摧毁。因此,父母自身要确信、实践,并教育孩子。

当然,父母也不完美。孩子可能会说:"妈妈(爸爸)自己都不那样做,为什么只让我做呢?"父母可以这样回答:"这个问题非常重要,所以妈妈(爸爸)也在努力。让我们一起努力,一起成长吧。"

如前所述,父母在子女面前,应该放下认为自己"没有问题，知道一切"的姿态，选择和孩子一起成长。

以上四种价值和积极心态，各位父母务必要抓住每个机会持续对孩子进行教导，为孩子树立榜样。只有这样，孩子才能完全将其内在化。这是建造生活这座房子时的支柱。基础工程不完善、柱子没有打牢的房子，无论使用多么高级的材料，都会轻易倒塌。因此，一定要铭记做饭疗法的"火"——价值和心态教育，这是仅次于"爱和保护"的重要内容。

父母练习
教给孩子四种价值

　　信赖感、责任感和诚实、贡献、关怀（为了便于记忆，可以称之为"正直、诚实、贡献、关怀"）是父母必须教给孩子的基本价值。让我们思考一下，这四种价值具体应该教什么呢？然后对孩子进行教育。

Q：言行正确、诚实的可信度。

_____

Q：尽心尽力、诚实对待自己分内事的责任感与诚实感。

_____

Q：发挥自己的才能、对世界有所帮助的奉献精神。

_____

Q：考虑他人，不为他人添麻烦、互相协助的关怀精神。

_____

_____

Part 2

为孩子成年后的
八十年人生做准备

••• 了解推动孩子的力量

强烈又持久的原动力是什么？

我们已经学习了养育的基本方法："煮饭疗法"。不过，谈起煮饭的基本条件——爱和价值教育，我会从听课的父母眼中看到些许疑虑。他们似乎在担忧，孩子仅凭这一点能否在这个艰难的世界有所成就，好好生活。接下来，我会回答这个问题。

各位父母如果努力工作，很容易误以为竞争是最强的原动力。所以，父母可能会根据这个逻辑来激发孩子的动机。

"听说邻居家的孩子考了第一，你至少得考个班级中游吧？照这样下去，以后怎么生活啊？"

与他人做比较，会造成"我应该比别人更好"的想法根深蒂固。"不要用竞争逻辑养育孩子。"除了我之外，还有很多专家也在强调这一点。但有些父母可能会这样强词夺理：

"孩子们不竞争怎么学习？"

"我也不想那样做，但入学考试制度不改变，就没有其他办法呀。"

"非常担心只有我家孩子落后。我知道那种观点是对的，但我做不到。"

对此，我想给出几个答案。第一个问题是，孩子不竞争怎么学习？

促使某种行动的力量称作"动机"，大致可以分为两种：外部动机和内部动机。不论是什么事，给予外部奖惩就是外部动机。金钱、成绩、分红、奖赏、称赞、处罚、罚款等，都是外部动机。相反，事情本身带来的价值和意义（奉献、正义、爱、喜悦）和对工作本身的兴趣、好奇心、满足感等，这些发自内心的动机就是内部动机。

内部动机显然比外部动机更强烈、更持久。想想给孩子零花钱让孩子做某件事的情况吧。孩子需要钱的时候，如果父母给钱，孩子就会听话。但是，零花钱充足或者没有什么想买的东西，即孩子不需要钱时，他可能会不那么听话。这是理所当然的结果。

大人不也是这样吗？涨薪当然是一个增加工作动力的好办法。然而，刚开始你可能会觉得涨薪后要努力工作，但这种动机究竟能持续多久呢？薪资上涨的喜悦很快就会消失。如果想让员工更加努力工作，企业就要继续涨薪。像这样持续提供同样的外部动机，其效果会随着时间的推移而减弱。

那么，促使人类行动的内部动机有哪些呢？首先，爱是人类的最大动机。父母再怎么辛苦也会努力工作，理由是什么呢？对孩子的爱，就是父母的动机。兄弟姐妹或男女之间的爱，也可以成为牺牲自己的巨大内部动机。

归属感也是人类非常重要的内部动机之一。虽然偶尔也有例外，但大多数人都拥有加入某个集体的强烈欲望。最常见的例子就是从家庭中感受到的强烈归属感。对家庭的归属感本身就会带来很大的意义、安全感和喜悦。不是因为家人给钱，而是身为家庭成员本身就会产生一种幸福感。因此，我们会努力为自己所属的或大或小的集体做出贡献。当然，也有那种为了追求归属感、服从集体而失去自我的不健康心态，但健康的归属感对人类来说是一种巨大的成长发展动机。

前文强调过的价值，也是重要动机之一。在我们的生活中，可能会出现外部动机和内部动机彼此矛盾的情况。假设我们做出害人之事就会得到一笔巨款，在这种情况下，价值观正确的人即使有强烈的外部动机，也不会为之动摇，反之，则很容易卷入诱惑性的外部动机之中。

如果父母在养育孩子的过程中过度执着于奖励结果的外部动机，反而会削弱孩子的内部动机。其实，如果想建设一个价值端正、和谐发展的社会，也要把孩子培养成内部动机强、以内部动机为原动力的人。

内部动机和外部动机偶尔会彼此混淆。曾有学员问我："帮助他人也与外部有关，难道不是外部动机吗？"内部动机是来自其行为本身的动机。如果帮助别人的行为不是为了贡献和关怀的价值，而是为了得到别人的称赞或渴望回报，就是外部动机。反之，如果对这种行动本身感到高兴和欣慰，那就是内部动机。

例如，如果因为妈妈说给钱才洗碗，那么洗碗这个举动就不是出于想帮助妈妈的关怀和贡献，而是为了获得金钱上的利益。这种外部动机与其行为没有直接关系。也就是说，金钱和洗碗之间没有直接关系。

惩罚也是一样。因为做坏事会受到惩罚，所以不做坏事，这是外部动机；认为不能伤害他人，所以不做坏事，这是内部动机。

更进一步的原动力

很多成功人士具备共同的内部动机，就是前面介绍过的重要价值——贡献。我曾说过，一定要教给孩子贡献的价值。如果这种价值内在化，就会成为内部动机。

所谓贡献，简单来说就是"用赋予我的东西在世界上做什么"。自我实现固然是非常重要的动机，但贡献是更进一步的内部动机。如果因为自己的能力而让他人的生活变得更好，进而让世界变得更好，还有比这更有意义和价值的事情吗？

有的父母可能会问："这样下去会不会成为只服务他人的冤大头呢？"事实并非如此。那些成功人士，我们所仰慕的人，可以说都是出于贡献的动机才有此成就。因为具备贡献这一内部动机的人会获得更多的成长机会。

提到贡献,我们很容易就会想起像特蕾莎修女一样牺牲自己、为别人而活的人。这种贡献当然很伟大,但不必要求人们都以此为标准。像我们这样平凡的人,也可以通过自己的才能实现自我,进而对其他人有所帮助。

例如,餐馆经营者努力为顾客提供更美味、更健康的食物,那就是一种非常有意义的贡献。美食有口皆碑,就会吸引更多的顾客光临,饭店生意则更红火。环卫工人、电脑程序员等其他工作也是如此,因为自己的才能和辛苦付出,别人的生活和社会变得更好,那就是贡献。像这样将职业与贡献联系起来,就能找到更有意义的职业。而且,做出很多贡献的人会得到更多的机会,获取更多的酬劳。因此,贡献不是只让我一个人变好,也不是只让别人变好,而是大家一起变好。

大多数功成名就的人都愿意通过自己的才能做出更多贡献。企业也是如此。如果没有做贡献的展望,即使能够发展壮大,也很难成为持续兴盛的百年企业。世界顶级企业苹果的共同创始人史蒂夫·乔布斯构建的公司蓝图就是:"创造促进人类进步的工具,为全世界做贡献。"

苹果公司已经实现了这一目标,并在持续追求这种价值。父母应当明白,也要告诉孩子:像这样以贡献为重要价值的人或企业才能走得更远,变得更加壮大。

那么,怎样才能培养出这种内在动力呢?孩子自然而然产生的强烈内部动机就是兴趣和好奇心。（如果同时教给孩子价值、诚实、关怀、贡献等内部动机也会越来越强。）法国作家圣-埃克苏佩里曾说："如果需要教别人造船，就让他们看看广阔的大海。"然而，很多父母却热衷于向孩子传授技术："造船应该先这样切割木头，这样用工具……"

倒不如，带孩子去海边看看吧。"那广阔而美丽的大海是一个什么地方，其中有些什么呢？"孩子看到大海，产生好奇心，想坐船去探险。如此一来，父母就没有必要逐一教给孩子造船的方法了，因为孩子会主动学习。这就是被称作"灵感"的内部动机。

"意义"的力量

各位觉得我讲的情况过于理想，与现实距离太远吗？那么，我想问一个问题：像现在这样在孩子身边二十年，花费大量金钱和时间，制订时间表安排孩子学习，这些事情做起来容易吗？孩子真的能幸福生活吗？你有多么肯定现在的方法很好呢？精神与经济负担很重，压力随之增大，父母和孩子变得忧郁，亲子关系也越来越差，但因为别人都这样做，所以就别无选择吗？

培养内部动机的做法比各位的现有方式更容易、更愉快、更有效。让孩子多积累学习以外的经验，用心观察孩子的兴趣爱好，并给予支持。孩子尚未成年，兴趣爱好可能会发生变化，但那也是正常的发展过程。激发孩子的兴趣、好奇心以及有意义的内部动机，才是父母的真正作用。

我们的孩子即将生活在"百岁时代"。二十岁考上名牌大学，就能为剩下的八十年提供保障吗？并非如此。父母培养的价值、心态以及"寻找内部动机的方法"，才会支撑孩子的一生。

人类需要寻找意义。上司分配一项非常辛苦的工作时，是否向员工说明这件事的意义，结果会有很大差异。如果员工不知道为什么要做这件事，在不知道其意义的情况下工作，不仅难以提高效率，也不会产生满足感和成就感，反而容易烦躁，在更困难的情况下甚至会感到委屈。

对人类而言，"意义"是比竞争更强的原动力。而且，意义就是源自事情本身的内部动机。虽然存在外部动机，但在没有意义的情况下工作，即使能有所成就，也特别容易心累，很难长期坚持下去。"我做这件事的意义是什么？""这件事对那个人有什么意义？"自己做事、说服他人或者和他人一起工作时，一定要思考这些问题，才能产生更强的原动力，长久地持续下去。

各位父母的所有付出，不就是为了把孩子培养为成熟的大人吗？这就是辛苦操劳的崇高意义所在。希望父母们不仅在自己的生活和工作中寻找"这有什么意义"，同时也努力激发孩子的内部动机，而不是外部动机。

父母练习
寻找内部动机

我们做出某种行动时,比起外部动机,内部动机才是更强的原动力。来谈谈激发执行力的内部动机吧。

Q:父母的内部动机是什么?

_____
_____
_____

Q:思考一下希望孩子自己做什么事。

_____
_____
_____

Q:写下可以促使孩子做那件事的内部动机。

_____
_____
_____

外部动机的陷阱

外部动机会弱化内部动机

有人可能会问,在没有竞争和奖励等外部动机的情况下,如何促使一个人,尤其是孩子去行动?我们当然需要外部动机,但需要注意一个问题:如果使用外部动机,原有的内部动机就会减弱。

某个村子里的老爷爷家门口有一大片空地,村里的孩子们每天都来这块空地玩,太吵闹了。在这种情况下,大人一般会劝孩子们去别的地方玩。老爷爷也试过这种方法,但孩子们能听话吗?没有什么地方比这块空地更适合玩耍了!

经过一番深思熟虑,老爷爷决定给每个来玩的孩子一元奖励,并对他们说:"好好玩吧。"孩子们当然十分高兴,来的次数更多了。过了两周,老爷爷对孩子们说:"我现在没钱了,你们来这里玩也拿不到钱了。"

接下来,孩子们会怎么做呢?从此以后,他们再也没来过那片空地。为什么会出现这种结果呢？孩子们刚开始来玩并不是为了赚钱，而是因为有趣。然而，爷爷开始使用金钱这一外部动机以后，他们便为了外部动机而来，玩耍逐渐变质为赚钱的工作。后来，外部动机中断，他们的兴致就不知不觉地下降了。而且，本可以赚钱的事情，现在却变成免费的，他们会感觉有些委屈。如果形成这种需要外部动机才能做某事的模式，就会很难找到其行为本身的意义。即无法培养内部动机，甚至原有的意义也会随之消失。

再举个例子吧。某幼儿园对接孩子迟到的父母处以罚款：每迟到一小时，就要罚款两万韩元。园方认为，通过罚款，即外部动机，可以促使父母按时接孩子回家。情况真的有所好转吗？不，迟到的父母反而增多了。这是为什么呢？

父母按时来接孩子是源于内部动机。对孩子的爱和责任感，不想让孩子失望，不想给幼儿园教师带来不便，这些都是内部动机。

从罚款的瞬间开始，外部动机发挥作用，削弱了内部动机。父母们认为："只要交了罚款，就算承担了我的责任。"负罪感、责任感、歉意等，都被罚款抵消，内部动机减弱了。因此，我们一定要避免仅凭外部动机教育孩子的想法。

奖励式学习的后果

有些父母用金钱奖励孩子学习或读书,考试考得好还会送礼物。于是,学习的行为就变成了孩子的工作。但是,为了外在奖励而学习的孩子,反而很难享受学习的过程。某种行为本身快乐有趣,才是孩子最好的动机。

举个相似的例子吧。如果孩子去看望独居的奶奶,父母就会给孩子五万韩元。这种行为无异于直接告诉孩子以下信息:"没错,去看奶奶是一件非常令人讨厌的事情。你做了那样的事情,所以我补偿你。"不强调看望奶奶是表达和分享爱的重要性及价值,以金钱补偿的外部动机取代了内部动机,导致事情本身的意义变质。

如果父母主要通过金钱等外部动机来鼓励孩子,孩子总有一天会问:"如果我做这个,你会给多少钱?"那一刻到来时,父母应该会感到毛骨悚然吧。因为支配孩子的不是作为家庭成员做出贡献或帮助他人的价值,而是外部动机。孩子学会了通过讨价还价与别人协商。

最后,还有一点要注意:如果有人给你十亿,让你做心脏手术,你能做吗?即使给你一百亿,但你不懂技术,依然做不了。大多数孩子都是能做就做,不做大多是因为做不了,偶尔才会出现单纯的不听话、反抗父母的情况。

父母让孩子每天做一小时数学题,孩子有时做得很好,有时不遵守约定。在这种情况下,父母可能会说:"他可以做到,只是不想做，所以不听话。"但事实是，孩子不具备持续做那件事的能力。即使我们想每天运动，也有做不到的时候，道理是一样的。尚且不具备持续的能力，无论怎么惩罚和奖励，这种能力都不会突然增强。孩子不具备英语考100分的能力，只要父母提出给孩子买梦寐以求的游戏机，孩子就能考100分吗？不仅是补偿，惩罚也是一样。惩罚再重再可怕，能力不足也做不到。

其实，自身发展水平跟不上时，无论给予多少奖励都没有效果，这也正是外部动机的缺陷所在。即使奖励再大，也不会产生根本不具备的能力；试图用奖励让孩子做能力以外的事，反而会导致"努力也无法实现"的情况，摧毁自信心。

那么，一定要明确区分内部动机和外部动机，绝对不能利用外部动机吗？事实并非如此。就算是成年人，也很难仅凭内部动机去做某些事情，更何况孩子呢！如果孩子尚且不具备意识到内部动机的能力，父母可以适当利用外部动机。例如，写作业原本应有满足感、成就感等内部动机，但孩子有时很难主动写作业。"写完作业就是尽到了你的责任。"——可以像这样说明内部动机，但父母最好先为孩子提供一些帮助："现在还很难做到吧？我们一起练习吧！"同时，逐渐鼓励孩子自己做："这周自己主动做了三次哦。"如果孩子自己做了四天的作业，全家人可以周末一起吃炸鸡外卖，以外部动机作为辅助。

如果内部动机和外部动机并用，两者相互产生协同效应，则效果更好。一方面，教给孩子对学业尽心尽力以及诚实、责任感等价值,引导孩子体验成就感、自豪感等,这些都是利用学生的内部动机;另一方面,孩子认真准备并参加完重要的考试之后,全家人一起外出就餐,同时提供表扬其努力的外部动机。像这样,内部动机和外部动机就可以合理共存。

如果只依靠外部动机

再举个例子。韩国政府在鼓励生育时,也经常利用外部动机。如果生孩子,政府就给予金钱奖励或免除学费,这些都是外部动机。但不知为何,出生率依然持续下降。我认为,此时需要强烈的内部动机。其实,生孩子的内部动机不是近乎本能吗?本能减弱,可以看作内部动机严重消失的结果。因此,政府应当激发出本能的内部动机。

生育的内部动机是生下与夫妻相像的孩子并养育成人的喜悦感、成就感、满足感,以及和孩子分享的爱意。此外,看到自己的孩子生活如意,父母也会感到幸福和欣慰。再看看当今社会,生养孩子需要极大的牺牲,肉体、精神、经济方面都困难重重。因此,不生孩子的外部动机非常大。

而人类的内部动机更强大,因此即使需要付出各种牺牲,也决定生育。但是,父母一辈做出巨大牺牲而养育的当代年轻人(预备父母)并不觉得这个世界有意义,甚至很多人感觉自己的生活很无力,被别人牵着鼻子走。因此,"我生活很幸福，我想让自己的孩子也过上这样的生活"的内部动机渐渐消失了。

像这样，人的最大原动力——内部动机被削弱，出生率只能随着时间的推移而下降。我认为，如果生下孩子并培养为生活幸福的成年人的价值，即内部动机充足，年轻人就会想生孩子，生育率自然也会上升。

内部动机对幸福生活也很重要。幸福中的重要概念就是满足感。"我是一个很好的人，我的人生真的不错。"如果不追求兴趣、成就、欣慰、意义、价值等内部动机，而是以外部动机的成就取而代之，到了中年就会面临所谓的"现实打击"。以前的生活没什么意义，在未来的人生中也找不到意义。

这其实也是社会的严重弊端。例如，做医生不是为了帮助病人的意义和价值，而是追求金钱、地位和名声。如果通过外部动机成为医生，对治病救人感受不到大人的价值或意义，就很难产生满足感。

这并不是提倡完全不追求报酬的理想化生活，而是为只强调外部动机的现象感到惋惜。外部动机和内部动机通常共存并行。但试想一下，假如人人缺乏内部动机，只以外部动机生活，教师、企业家、医生、警察等，所有人都不太在意这个职业的价值和意义，只以外部动机工作，社会将变成什么样子呢？我们当然需要薪资等外部动机，但更重要的是，只有充满内部动机的个体聚在一起，才能组成相互信赖的健康社会。

对自己的生活感到满足，不等同于"安于现状"。认为生活、工作有意义的人，必然会继续发展壮大，因为看重意义的人可以发挥更大的潜力，而内部动机就是更强的原动力。人类总想寻找生活的意义，这就是最强烈的动机。就像前面提到的那个被赋予对家庭有帮助的意义时立即收拾水壶的孩子一样，从小开始学习各种事情的意义，长大以后比只通过外部动机行动的孩子更满足、更幸福，能够取得更大的成就。

父母练习
灵活运用外部动机与内部动机

外部动机与内部动机可以形成协同效应。合理利用内部动机与外部动机,帮助孩子发挥潜力。

Q:写下孩子最喜欢的奖励(外部动机)。

_____
_____
_____

Q:结合以上外部动机,思考可以教给孩子哪些内部动机。

_____
_____
_____

孩子是否正在成长为未来需要的人才

未来需要 4C 才能

美国教育界常说的"21世纪的4C",是指为了将孩子培养成21世纪的成功人才所必须传授的四种能力。

第一个C是创造力(Creativity)。创造力很重要,尤其是现如今这种高速发展的时代,能够引领革新和发明的创造力更为重要。

第二个C是批判性思考(Critical Thinking)。我们一直被教育要好好听父母、老师或长辈的话,但当今世界正在逐渐改变。我们应该懂得问"为什么",询问并思考是否只有这种方法,是否有更好的解决方法,这才是批判性的思考方式。因此,孩子顶嘴并不是坏事。如果孩子说出自己的想法,父母就应该倾听,询问孩子这么想的理由,与孩子一起好好讨论。

第三个C是合作(Collaboration)。虽然现在也是如此,但人类未来更难独自生活。团队的力量越发重要,"融合"一词屡见不鲜。我们需要解决的问题越来越复杂，某一个领域的专家无法独立解决，需要各领域的专家协力前行，合作也就变得越来越重要。

第四个C是沟通（Communication）。要搞好合作，沟通很重要，需要共情。随着技术的发展，网络关系领域进一步拓宽，有效共享自己的意见和想法的沟通能力已经必不可少。尤其在合作和共情能力方面，前面学过的关怀和贡献的价值会熠熠发光。

背道而驰的教育文化

试想，孩子整天辗转于补习班，学习指定课程直至深夜，创意力会喷涌而出吗？

1968年，乔治·兰德、贝斯·贾曼博士受美国航空航天局委托，开发了一套考查创造力的研究员选拔测试题。据调查，将其用于招聘，有助于选拔对创造力有要求的专门人才。受到这个结果的鼓舞，他们给孩子们也做了同样的创造力测试，内容包括向1600名五周岁的孩子询问夹文件用的曲别针的其他用途等。研究组取得了惊人的结果：对大人进行相关测试时，只有2%左右的人表现出了天才级别的创造力，而五岁的孩子却高达98%！孩子没怎么用过这种曲别针，尚未形成"这东西应该这样用"的刻板印象。因此，他们看到曲别针以后，想出了无数个新奇创意。看到这个有趣的结果，研究组等到孩子十岁、十五岁时，又进行了同样的测试。究竟有多少孩子会表现出天才级的水平呢？虽然是同一批孩子，但五年后的十岁下降到30%，十五岁下降到12%。

年龄越小越会提出更多、更独特的创意，随着年龄的增长，接受更多正规教育，创意的数量和奇特性就越低。研究组解释说，这是因为不受任何约束、自由思考的孩子接受统一教育以后，思维逐渐形成了框架。这一点很容易理解：如果把孩子关在某种框架内进行教育，创造力反而会下降。

那么，批判性的思考怎么样呢？韩国社会通常被称为"提问即死亡的社会"。经过长期训练的孩子，只知道通过大人们传授的方式快速解答问题，在规定的时间内选择正确答案，怎么能进行批判性思考呢？既然答案是A，还需要考虑"为什么不是B"吗？习惯了"不懂就背"的孩子，不可能有什么批判性思考。

整天趴在书桌前学习的孩子，也很难培养出合作能力。有一天，上初中的外甥对我这样说道："姨妈，我最近不把同班同学当作朋友，而是竞争对手。"

我心里"咯噔"一下。孩子口中竟然能说出这样的话？其实，孩子们的确这样认为。比起与朋友共享自己所知，孩子们更忙于彼此牵制，各位不觉得这十分可怜和悲伤吗？如果只赋予孩子外部动机，培养竞争指向性，就会变成这样。

最后一点，孩子们的沟通水平怎么样呢？顺从父母或教师的指示，独自埋头于书本做题的孩子，如何培养沟通技能呢？

在长期的规范教育中，孩子缺乏发表自己意见或参与讨论的经验，怎么可能一夜之间练就这种技能呢？

父母付出金钱和时间，尽全力教育孩子，结果非但未能培养出与人工智能共事的新时代人才，反而扼杀了未来所需的能力。父母牺牲自我，辛苦育儿，挤压、折磨孩子的目的是什么？最大限度地灌输知识吗？但是现如今，任何知识都可以在网络上搜索到，只要孩子自己好奇，有动机，随时可以自发学习任何内容。

而且，父母现在努力灌输的知识，再过五年十年就会过时。以填鸭式入学考试为主培养的孩子成长到二十岁时，可能会看起来很聪明，比其他孩子更优秀、发展更快。可是，人生足有百年。各位父母应该回想一下，自己当前实施的教育能否撑过这一百年。

人生就像航海。高考教育能教会孩子自己扬帆掌舵的能力吗？这种教育方式不是在培养船长，而是在培养最快、最准确地执行船长指示的船员。即使成为最好的船员，也没有掌控大局、开拓人生的船长姿态。

让孩子尽情玩耍

孩子的生活应该有趣（如果成年人也能这样，那就再好不过了）。但是，看到那些为学习而焦头烂额的孩子们，真是令人惋惜。在美国，孩子放学回家就会出去玩，骑自行车、滑板车，踢球跑跳，即使去补习班，大部分孩子也会选择学习自己喜欢的项目。

玩耍在孩子发育中的重要性，强调多少次也不够。如前所述，培养4C的最佳方法也是玩耍。通过玩耍，可以发展创造力和批判性思考能力。此外，很少有孩子独自玩耍。和其他孩子一起玩，自然而然就能学会沟通与合作。

无框架的游戏有利于发展这种能力。比如，玩泥巴、在树林里蹦来跳去，没有什么特别的指示或规则，自由自在地玩。当走进大自然时，利用树木、岩石、昆虫等，孩子们可以玩得很好。自由构思和计划游戏，一起制订、修改规则，若出现矛盾或争吵，也会一起解决。这样不仅可以发展4C能力，而且很有趣。

偶尔也有父母表示忧虑，担心孩子只沉迷于一种游戏。不过，与其强行推荐其他内容，不如帮助孩子拓展他喜欢的领域。如果孩子迷上了火车，只想玩火车，父母完全可以一边给孩子展示各种火车，一边刺激孩子相关领域的好奇心："这是什么类型的火车？""这种火车怎么运转呢？"这种拓展不仅有助于孩子了解火车的历史，还能延伸到火车的工作原理等物理学领域。

患有发育障碍的孩子也适用这种方法。例如，如果孩子喜欢火车，就用火车数数，教孩子运算；如果孩子喜欢旧手表，就给孩子读手表的历史，教孩子阅读。

也有一些父母总想在不恰当的场合寓教于乐，其实没有这个必要。鼓励孩子尽情玩自己喜欢的游戏，帮助孩子找到自己感兴趣的东西就可以了。在孩子成长的过程中，我们可以鼓励孩子多寻找自己感兴趣的东西，一边学习，一边拓展。从自己喜欢的领域拓展，就是自主学习。

像这样找到自己好奇的领域、懂得自主学习方法的孩子，成年以后也会继续学习和反省。不要以为只有坐在书桌前才是学习。尤其是大脑正在发育的婴幼儿时期，最好集中精力玩耍。

父母练习
玩耍的孩子，幸福的孩子

父母最好让孩子尽情玩耍。让我们回想一下孩子玩得怎么样。

Q：孩子一天自由玩耍的时间是多少？

_____
_____
_____

Q：孩子主要喜欢玩什么游戏？

_____
_____
_____

Q：如果孩子只对一件事感兴趣，考虑一下可以由此拓展的问题。

_____
_____
_____

玩耍与学习都要有趣

由孩子主导玩耍的 P.R.I.D.E 法

很多父母,尤其是父亲,经常会有这种苦恼:"我不知道该怎么陪孩子玩。"父母知道玩耍很重要,也觉得应该陪孩子玩,却不懂怎么做。

如果爸爸妈妈能陪伴着一起玩,孩子就再幸福不过了。然而,有些父母一边和孩子玩,一边总想给孩子教点儿什么。从父母的立场来看,那段玩耍的时间似乎应该是有益的。但玩耍就是玩耍,玩得开心才是最有益的。

那么,父母应该怎么陪孩子玩呢?在亲子关系的治疗方法中,有一种叫作"亲子互动治疗"(Parent-Child Interaction Therapy)。其中,由孩子主导玩耍的"P.R.I.D.E法",取自以下英文单词的首字母:

- Praise(称赞)
- Reflect(反射)

- Imitate（模仿）
- Describe（描述）
- Enthusiasm（热情）

这种疗法简单说就是：称赞孩子的行为，像反射一样学共情；模仿、如实描述孩子的行为，并对此表现出热情。

例如，孩子正在画画。比起"画得真好"之类包含评价的说法，父母应该首先表现出兴趣和关注："你在画画呢？"如果孩子回答说："我在画太阳。"父母就要认真倾听并表示共情："原来你画了太阳啊。"这就是反射，非常简单。

然后，父母说："我也想画太阳呢。"过度焦虑的孩子可能会不喜欢被父母如此仔细观察的感觉，但这种情况不常见。只要大人认真倾听并跟着说"我也试试吧"，大多数孩子都会非常喜欢。因为孩子喜欢模仿大人，所以被爸爸妈妈模仿，心里会有点得意。

如果孩子把太阳涂成了绿色，那就把它描述出来："太阳是绿色的啊，这个主意真新奇。"如果父母说"太阳要涂成红色或橙色"，就是一种教育的态度。不要指责对错，而是理解和认可。有句话说，当了编辑就不能同时成为创作者。孩子正在创作，父母不要成为总想改动的编辑。

父母想和孩子互动时，描述很有帮助。如果孩子画山，父母只要说"这是山"就可以了。这种方法多么容易啊！孩子玩玩具的时候也一样。如果孩子让人和恐龙打架，父母可以说："恐龙来了，这是在和人打架吗？"没有必要逐一详述细节，只要表达出看得津津有味的信息即可。

做到这种程度，并不怎么费力。就算父母工作了一整天，拖着疲惫的身躯无法好好陪孩子玩，也能够做到如实描述孩子玩耍的场面。当然，如果体力允许，带着热情一起参与就更好了。

没必要把这五种方法背下来。只要倾听孩子，与孩子共情，就会自然而然地反射和描述孩子的言行。重要的是，父母要给孩子一种聚焦于他的感觉。

为孩子进行治疗时，我也经常使用这种方法。孩子见到陌生医生，会表现得漠不关心或刻意回避。此时，如果利用"P.R.I.D.E法"陪孩子一起玩，孩子不知不觉就会放松下来。

父母与其带着自己的目的介入，不如跟随孩子的节奏，实践"P.R.I.D.E法"。大多数孩子都会敞开心扉，享受这段时间。可悲的是，很多父母在孩子玩耍时也带着教育孩子的目的和意识，因此，很少有孩子受到过这种无条件的关注。

学习一定要有趣

对很多孩子而言，学习成了工作。如果孩子说学习没意思，父母就会这样回答："怎么能只做有趣的事呢？哪有人觉得学习有意思？就算没意思也要硬着头皮做。"

其实，这是一种错误的思想灌输。了解新事物，本是一件趣事。所以，学习一定要有趣。

如果把学习当成工作，兴趣就会消失，孩子也就不愿学习了，即使为了考试硬撑，考试结束后也不想再看书了。希望各位父母千万不要破坏孩子对学习的兴趣。

寻找和了解自己关注的事情非常有趣，懂得这一点的孩子会持续深入学习自己喜欢的领域，不断成长。这就是自主学习。孩子想学习的动机，来自好奇心。

那么，如果孩子只专注喜欢的科目，偏科怎么办呢？所有科目及格以上、均衡发展才是最佳选择——这样的时代已经一去不复返。我们要不断鼓励孩子寻找疑问，主动学习——"这个怎么做？""这个怎么了？""这个人如何完成了那件事？"

孔子就曾说："知之者不如好之者，好之者不如乐之者。"贤人们早已经明白了快乐工作的价值。

如果孩子表现出学习天赋，父母会开心地把孩子送到各种培训班，尽最大努力提供支持。但从某一天开始，孩子就会厌学，这种现象很常见。尤其是小时候不能违背父母的乖孩子，上了初中后很有可能变样。

有人可能会问："学习怎么会有趣呢？"然而，学习本来就很有趣。

什么是学习？就是习得和熟悉。自己想做某种美食，上网查询怎么做，这就是学习。这种学习会很有趣，尝试做饭时会感到兴奋和激动。如果做得好，还会感到很满足，想要再试一次。想主动了解并做得更好，这就是学习。但是，当前以入学考试、填鸭式教育为主的过度学业量，导致学习的乐趣全部消失。

父母强调"一定要做这个",孩子表面上看起来很努力学习,但大多只是为了听父母的话,把学习当成了工作,随着青春期的到来,学业压力增大,与父母的关系恶化,问题会变得越发严重。此时,父母要告诉孩子可以做自己想做的事。如前所述,从长远来看,给孩子强行灌输太多知识是一种得不偿失的做法。

让阅读成为游戏

如果想把孩子培养成一个终身自主学习的大人,我想强调一件事:应该让孩子感觉读书有趣。人人都知道读书是最有效的学习方法,每位父母都希望孩子能与书为伴。然而,很多父母犯下的错误让读书变成了学习。读书应该成为一种游戏,即"读书游戏疗法"。

孩子从小认识到读书的乐趣十分重要。那么,父母应该怎么做呢?很简单,让孩子看喜欢的书:不是父母想展示什么,而是孩子觉得有趣。可是,父母怎么知道孩子对什么内容感兴趣呢?我强烈推荐父母和孩子一起去图书馆或书店。

另外,如果父母只看电视或手机,却希望孩子与书为伴,这样做怎么能成为孩子的榜样呢?人生数十年,父母应该和孩子一起读书、学习、成长。父母也一样,读自己觉得有趣的书即可。喜欢做饭可以看食谱，对旅行感兴趣就看旅行攻略。如果不知道自己喜欢什么，可以先去图书馆看看书，寻找自己的兴趣所在。

去了图书馆，孩子一般会翻开各种书，一旦找到感兴趣的内容，就会更加专注。父母只要带孩子去图书馆就行，不需要其他努力。如果孩子专注于某种书，大人只要问问是什么书，表示关注并用心倾听即可。孩子可能会只看两三章，然后翻开下一本书。没关系，这是寻找自己兴趣的过程。

书店也一样。带孩子去童书区，孩子就会翻找自己更感兴趣的书。多么容易啊！只要花一点时间，任何人都能做到。

接下来，我想推荐"睡眠程序"。这种做法在欧美国家很常见，就是以看书结束睡前准备工作。但这并不是说一定要买很多书回家。如果孩子在图书馆对某本书感兴趣，可以租借一星期。反之，如果家里总是有很多书，孩子反而不会有太大兴趣。去图书馆只能借五本书，而且只能借一周，读起来会更有趣。

良好的睡眠程序有助于身心健康。睡前可以和孩子一起躺下，也可以坐在床边，让孩子挑选自己喜欢的书拿过来一起看。如果孩子还小，只给孩子看图画，父母朗读文字就行。等到孩子稍微大一点，可以鼓励孩子给父母读。没有什么固定原则。不过，孩子可能想继续看书不愿睡觉，所以最好提前确定阅读时间。

陪伴阅读是表达爱意、分享乐趣的美好时光，给孩子留下这种印象非常重要。同时，不要给孩子增加学习什么知识的负担。与其逐一纠正读不好的地方，不如轻松阅读，了解整个故事。我和美国朋友们一起聊天，经常听他们谈到小时候在床上和父母一起读书的温暖记忆。不花钱，也无须太多时间，希望各位父母一定要做到。

只要父母引导孩子感受到读书的乐趣和美好，孩子就会主动捧起书本阅读。然后，在某个瞬间，孩子对书的兴趣可能会有所下降，转而喜欢网络或游戏。没关系，因为孩子已经对书有了正面认识与感知，在对某个领域产生好奇心，或者想了解什么的时候，随时都会重新翻开书。孩子习得了这种与书为伴的自主学习态度，未来八十年的成年生活会更加丰富多彩。

父母练习
实践孩子主导玩耍的"P.R.I.D.E 法"

游戏和学习都要有趣。实践"P.R.I.D.E 法",让孩子主导成长吧。

Q:称赞孩子的行为。
_____

Q:反射孩子的表达。
_____

Q:跟随孩子的行动。
_____

Q:如实描述孩子的行为。
_____

Q:想想自己平时对孩子言行的反应是否足够热情。
_____

培养不怕失败的孩子

容易感到"此生无望"的孩子们

很多父母希望孩子幸福的同时，也会希望孩子无论遇到什么考验都不轻易倒下，摔倒也能重新站起来。

阅读本书的各位父母应该也怀着同样的心情，并深深地明白，在历练中坚韧不屈、在失败时重新站起来的力量非常重要。

有种说法叫作"玻璃心"。并非所有父母都具备钢铁般的意志，因为体会过"玻璃心"的辛苦，所以希望自己的孩子能够坚强。

但现实如何呢？父母不希望孩子摔倒，二十年间护在膝下百般宠爱，持续灌输"不能失败""不能失误"的概念。这样长大的孩子面对自己的第一次失误，便会感到"此生无望"。也就是说，二十岁考试或挑战失败，就断定自己的人生已经没有希望。未来还要再活八十年，二十岁的时候摔过一次，就觉得完蛋了吗？甚至十几岁的学生，也因为一次期中考试考砸了而对人生绝望。这样的孩子长大成人以后，如果独立行船撞上石头，就会像世界末日来临般痛苦不堪。

无论父母多么想保护孩子，也不能一边目送孩子启航一边盼望此生都是好天气。那种情况不仅不可能出现，而且持续的好天气也并不是什么好事。只有迎着风暴，撞到石头尖角，孩子才会更加强大。因此，与其希望孩子少受磨难，不如培养孩子勇敢克服困难的观念。

不曾摔倒，就不懂如何重新站起来

即使孩子摔倒，也不会完全瘫倒在地，这种重新站起来的力量就是"恢复弹性"。就像橡皮筋或弹簧的弹力一样，即使摔倒也会站起来回到原位。不仅是孩子，父母同样渴望这种力量。

如何引导孩子摔倒后重新站起来呢？孩子首先要摔倒才有机会积累经验。孩子没有摔倒，父母怎么教孩子重新站起来呢？这难道不是纸上谈兵吗？

什么样的人摔倒后更容易站起来？就是前面提到的核心信念积极健康的人。"我是一个不错的人，这是一个不错的世界，人生值得。""我值得被爱，具有绝对存在价值。"这种理所当然的状态与积极的心态彼此相通。拥有积极心态的孩子懂得，即使摔倒，也不代表一切结束，生活还有希望。学过这个道理的孩子，摔倒了也能轻松站起来。

曾有父母告诉我，孩子想参加学生会选举，但当选率不高，所以他们委婉地劝阻了孩子。听完我的课程，父母明白了这种做法无异于给孩子传达"不要尝试可能会失败的事情"的错误信息，于是决定鼓励孩子挑战下届选举（不论是否当选）。

孩子越小，越应该尽早经历摔倒和重新站起来的过程，因为小时候更能承受失误的结果。谁都可能犯错和失败，但也要明白：世界没有灭亡，人生也没有结束。父母同样应该坚定这种信念，切忌对孩子说"不能失误，不能失败"，而是引导孩子"在失误和失败中学习新知识，自我成长"。

以绝对不能失败的心态生活百年，就会终生小心翼翼，设法避开所有危险，除非自己做得几近完美，否则不会尝试。然而，我们二十年间学到的知识，在余下的八十年里恐怕并不够用。随着世界的变化，我们需要不断学习和成长。在学习新事物的过程中，怎么可能没有失误或失败呢？

我很喜欢的英国作者格雷戈·麦吉沃恩在《轻松主义》中分享的一则故事：一个做西班牙语老师的朋友告诉他，想学习一种新语言，就在袋子里放一千颗珠子，每失误一次就拿出一颗珠子。等到取出最后一颗珠子，就可以看作已经基本掌握了这门语言。就像这样，我们通过失误学习和成长。

我们要不断犯错，明白多一次失误就距离成功更近一步的道理。托马斯·爱迪生在发明灯泡时总是失败，所以有人问他:"已经失败了那么多次,为什么还要继续呢?"爱迪生这样回答:"我没有失败过,只是找到了一万种无法成功的方法而已。"

因为知道一万种无法成功的方法,所以第一万零一次就可以尝试其他方法。我们不能认为失败等于失去。失败也会有所收获:明白了这样做行不通,找到了改善方法。拒绝失败,就是把自己封闭在狭小的空间里。各位父母应该也有过不少这种经历,曾经想做什么事,却因为害怕失败或做不好,最终未能尝试。这种心态不可取。

不经历任何失败,就无法成长,只能原地徘徊。如果想取得发展,就要不惧失败,向前迈进。

鼓励失败

美国有一位女企业家萨拉·布雷克里,她白手起家创立了名为Spanx的内衣公司,成为当时罕见的女性亿万富翁。被问及成功的秘诀时,她提到了饭桌教育:全家人周末聚餐时,父亲总是会问一句:"这周有什么失败经历?"萨拉·布雷克里听着这句话长大,认识到"应该经常失败"。

我并非提倡故意失败,而是应该通过挑战来制造失败机会。例如,孩子骑自行车摔倒了;本想游得更好,但是做不到;想用钢琴弹奏一曲,却弹不好,而父母满意地说:"原来你那么努力挑战了啊，做得很好。"孩子得到称赞是因为挑战一些有难度的事情而受挫。我建议父母和孩子每周共享失败经历。

"本想和转学生一起玩，但他不愿意。我交新朋友失败了。"

"是吗？那你应该很伤心，很遗憾吧。那也是因为鼓起勇气问了朋友才会失败，对吧？你说想一起玩，朋友可能不想玩。虽然有点尴尬，但尝试总是好的。有机会还可以再问一次。"

不仅如此，父母也要大大方方地分享失败经验："妈妈想做蛋糕，结果变成年糕了，哈哈哈。"

不能认为失败是消极的。而且，我鼓励失败。南非前总统曼德拉曾说："我从来没有输过或失去过。我要么赢了，要么学到了经验。"

2014年索契冬奥会上，卫冕冠军金妍儿最终只获得银牌，引发了裁判争议，很多人为此感到惋惜。金妍儿虽然拥有强大的内心，但肯定也很难过。她说，当时父亲发来信息对自己表示祝贺而不是安慰，他说："做得很好，你尽力了，祝贺你。"孩子未能做好某事的时候，父母的反应就是如此重要。

"不论什么事情，初次尝试都不简单。所以，失败是必经过程。"不仅父母自己应该这样想，还要这样告诉孩子，"比起成功与否，只要去做了，就很勇敢。很多人害怕做不好，根本不敢尝试，但你迈出了那一步。"

微失败

有种说法叫作"微失败",就是指很小的失败。对孩子来说,失败几乎都是微不足道的小事。骑自行车摔倒或者练习用筷子时掉了食物,也不会出什么大事。而且,多经历这样的失败更有益处。孩子应该多经历这种微小的失败,练习战胜挫折。

很多人认为失败就等于输了、就是浪费时间、就意味着失去,但其实失败也代表着成长的过程。如果想在世界舞台施展才能,就不能惧怕失败,反而应该多体验失败。具备这种心态的孩子,即使摔倒也不会一蹶不振。当然,其基础是父母所传达的无条件的爱和绝对存在价值的信息。否则,孩子经历的失败越多,就越会责怪自己,自尊心就越低。正确实践作为育儿基本原则的"煮饭疗法",以此为基础引导孩子经常体验"微失败",孩子就会更加自信,领悟到任何情况下都有积极和消极的一面。

如果孩子一直失败受挫,父母首先要表达共情:"做不好很伤心吧?妈妈也有过那种经历,不擅长做这个。不过,失败几次之后,就变得好多了。"

如果教孩子骑自行车,不要说"小心别摔倒",而是像这样引导孩子:"骑自行车可能会摔倒,爸爸以前也这样。即使有点疼,拍拍土站起来就可以。摔几次就学会了。"听父母这样说,孩子就会明白"可以摔倒"。父母还要告诉孩子:"即使摔倒,爸爸也会在这里抓住你，没关系。"像这样，孩子摔倒以后，不会认为"我怎么这么笨"，反而会自我开导："爸爸说本来就会摔倒，这是学习的过程，果真如此呢。"

在失败中成长的孩子

一个人经历过失败，就会发现自己能承受失败，同时明白在失败的情况下会有所收获。我之所以能够自信地这么说，是因为我也经历过各种失败。我在精神科住院医师的考试中落榜，在手术室做辅助时伤心地流下了眼泪。如果没考上，大多数人会选择复读并打工。不过，我出乎意料地来到了美国。没有钱，英语也不好，更没有什么计划，在同事们成为住院医师、赚钱工作期间，我在其他国家吃着廉价热狗准备复读。

就这样过了两年，我才终于考取美国的住院医师课程。虽然比同事们晚了两年，但我明白自己在这期间成长了很多。在其他国家生活，成为少数群体中的一员，语言不通，没有钱……在这种情况下生存下来，经历过各种意想不到的事情之后，我得出了这样的结论："即使未能实现梦想，遭到巨大失败，也不一定意味着失去什么，我反而在这段时间里收获、成长了很多。"

2017年的一天，我突然莫名其妙开始生病，两三个月以后连坐都坐不稳了。仅诊断病因就花了六个月的时间，在各种治疗中度过了艰难的一年半。在那段时间里，我无法工作，人生似乎已经结束，非常痛苦和疲惫，几乎每天以泪洗面。

现在回想起来，因为有了那个过程，才有了现在的我，我才能明白自己是最珍贵的存在，需要照顾好自己。因为之前身兼教授和医生职位，实在太忙了，所以没能照顾好自己。

直到失去一切，卧床不起，我才有机会更深刻地反省自我。我开始思考自己为何而活，生活的意义是什么。如果没有那段挫折，我或许会继续之前的忙碌生活，无暇更了解自己，也缺乏寻找人生意义的体验，而且不会产生像现在这样为众人做贡献的想法。

"如果生活给你柠檬，就用它做柠檬水。"与其抱怨为什么拿到这种东西，不如榨汁、磨碎后放入蜜糖，做成柠檬水。考验、悲伤、挫折，任何人都可能会遭遇。有恢复弹性的人，无论发生什么事情都不会退缩，反而把考验当作机会，进一步成长。如果想养育这样的孩子，就要从小好好引导。

虽然可以口头传授经验，但父母的亲身行动才是最好的教育。我的父母高中没毕业，也没有钱，在缝纫厂上过班，也做过生意，但总是失败。生意失败以后，他们就在街上把剩下的东西卖掉了，但从来不曾倒下。看到这样的父母，我也学到很多，明白了面对挫折不能气馁，摔倒了重新站起来做点什么的态度更加重要。这种想法至今依然深深地印在我的脑海里，父母的影响就是如此之大。如果父母表现出这种态度，孩子就会模仿学习。

作为精神科医生，我深深明白思想指引的方向与力量有多么重要。因为一次失败就认为人生毁灭的人，即使周围有制作柠檬水的材料也看不到。只有认为可以用酸柠檬制作柠檬水的人，才会看到蜜糖。各位父母一定要引导孩子寻找隐藏的蜜糖。

父母练习
不惧怕失败的孩子

初涉世界,孩子随时可能遭遇失败。不惧怕失败的孩子,方能在失败中成长,发现自己的价值。想想自己的孩子经历过哪些失败。

Q:孩子上周有什么失败或失误?

_____

Q:我是如何应对的?

_____

Q:通过失败或失误,孩子学到了什么?

_____

Q:我应该鼓励失败,还是避免失败?

_____

学会感恩，
能够战胜挫折

感恩的力量

遇到困难时，人类就会想到最糟糕的情况，这是生存本能。为了生存，要考虑最坏的情况，并做好应对准备。人类无意识产生的思维称作"自动思维"，但基本上是消极的。比如，住在山洞的原始人听到"咚"的一声，如果认为只是石块掉落不必放在心上，就可能会引发严重后果。最坏的情况是，认为外面有猛兽，必须有所行动。

现代社会没有那么多危险或引发生存本能的事情。然而，我们仍然会想到最坏的情况，从而感到不安。大多数孩子成长得很好，需要担心的只是少数。尽管如此，父母们还是担心自己的孩子会成为最差的那个，内心与原始人没什么差别。一直这样生活，当然会很辛苦。我建议通过"感恩疗法"改变这种思维。

一旦开始自动思维，一切都会出错。如果大脑开始运行这种负面思维，则很难摆脱。我们要切断这种思维方式，选择另一种思维方式——感恩。

例如，如果孩子不听话，躺着不起来，父母就会害怕孩子懒惰、叛逆。这种不安的想法越来越严重，只会让父母对孩子施加更大的压力，双方矛盾也会加深，无益于解决问题。这时，我们需要把思维转换为"感恩"。孩子躺着不动，父母不知道该感恩什么，但还是要费点心思，比如："孩子很健康，全家人生活和睦，我也有工作"。

我生病的时候，经常从早上开始头痛。"今天也白白浪费了，一直头疼，什么都做不了。"想到这些，我既委屈又茫然，不禁流下泪水，头更疼了。所以，我学习了感恩疗法并进行练习。认为"今天也白白浪费了"，进而感到悲伤，这就是自动思维，此时需要感恩。

想不起感恩什么时，分类会有所帮助。感恩自我、感恩他人、感恩所拥有的一切与生活经历等——像这样逐一思考。

我有照顾我的家人，还有让我休息的上司，而且已经结婚七个月，不是孤单一人，所以非常感恩。疼得厉害的日子里，我也会坚持思考值得感恩的事情。如此想来，需要感恩的事情出乎意料地多。多次练习之后，感恩就会像自动思维一样，习惯成自然。

如果想再努力一点，写感恩日记也很不错，只需要五到十分钟就可以了。从"完蛋了"转换为"感恩"的瞬间，脑海中的想法就会发生改变。我们的大脑里有一个叫作"下丘脑"的地方，负责调节代谢。如果调动感恩思维，下丘脑就会变得活跃，身体感到舒适，呼吸变得平稳，血压、睡眠、食欲等也会得到整体调节。另外，血清素和多巴胺神经递质也会增加。血清素上升，心情就会变好；多巴胺神经递质可以在动机、情绪等方面发挥重要作用。

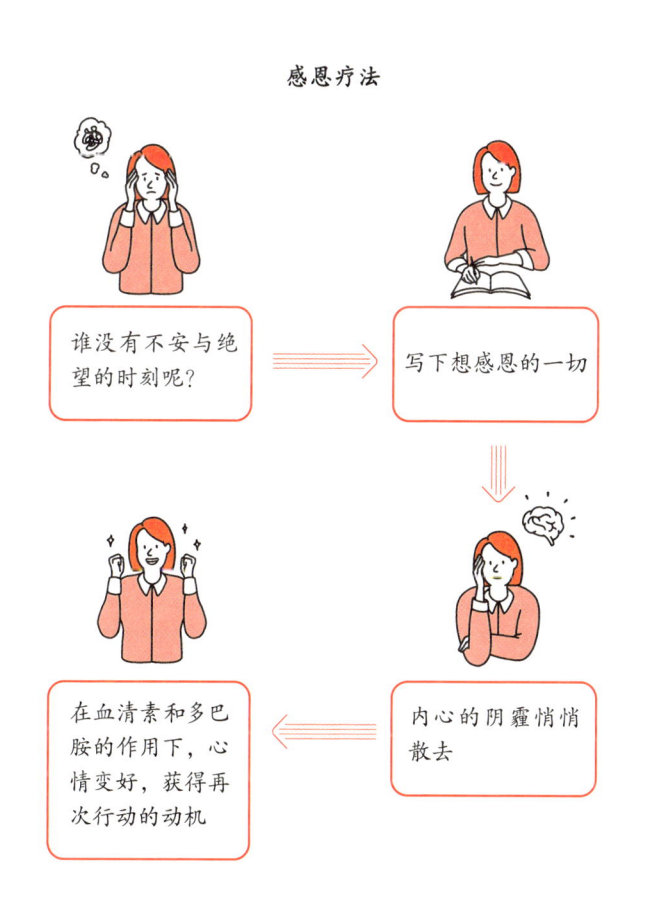

感恩疗法

谁没有不安与绝望的时刻呢？ ⇒ 写下想感恩的一切

↓

在血清素和多巴胺的作用下，心情变好，获得再次行动的动机 ⇐ 内心的阴霾悄悄散去

如果稍微努力一点学习感恩，身心就会这样发生改变。在

看似无可感恩的艰难环境下,大脑也会自动改变想法,回到积极的方向,产生尝试做点什么的动机。

曾有这样一个实验,将慢性病患者分为三组:A组写感恩日记,B组做令人烦躁的工作,C组写普通日记。尽管疾病缠身,很难产生什么感恩心理,但A组患者依然尽量记下一些小事。十周以后,写感恩日记的A组比其他两组更乐观,对生活更加满意,到医院就诊的次数也减少了(Emmons & McCullough,2003)。

在另一项实验中,写三个月感恩日记并持续训练大脑的人,更容易激活感恩思维(Kini et al.,2015)。

改变思维,多做练习,就算刚开始需要绞尽脑汁寻找感恩的事情,但只要坚持做下去,就会形成自动思维。也只有实践过的人,才明白感恩的力量有多么强大。

做心态积极的人

感恩疗法与积极心态彼此相通,还与恢复弹性有关。懂得感恩的孩子会发现,即使遇到困难或者微不足道的小事,同样可以感恩。这样的孩子面对磨难不会气馁,因为感恩已经成为身体的习惯。

即使高考失败,孩子也会对自己说:"我还有爱我的父母。"感恩产生大量的血清素和多巴胺,调整心情,激发尝试某事的意志，进而促进重新挑战的动机的形成。

积极的心态，感恩疗法，恢复弹性……这些都在一条延长线上。积极的心态和恢复弹性是抽象概念，感恩疗法是我亲自实践过的具体方法。只要好好实践感恩疗法，其他方面都会自然而然地跟上。

每当生气或遇到委屈的事情时，你会被困在某种情绪中，还是会摆脱出来？如果想摆脱困境，关键在于"感恩疗法"。例如，受了委屈时，我就会想"不能一整天这么委屈"，然后感恩："幸好这段关系到此结束。那个人现在露出本性，我没有继续被骗，真是万幸。"如此一来，心里就舒服多了。

很多成功人士、知名人士也非常懂得感恩。世界上大致有两种人：一种人认为自己之所以能取得如此成就，得益于很多人的帮助；另一种人认为周围都是些奇怪之人，自己在别人偷懒时努力工作才艰辛走到今天。前者认为自己的福气与他人的贡献促使自己获得了成功，自己不仅要感恩，也要为别人做出贡献，所以会更加进步。相反，后者只想极力保卫自己得到的一切，很难有更大的成长机会，甚至会失去当前拥有的东西。

我们要把孩子教育成前者，告诉孩子世界上没有哪个人可以独自成长与成功。无论直接还是间接，我们每个人都会受到别人的影响和帮助。

不懂得感恩的孩子，认为自己得到的东西是理所应当。即使拥有和别人一样的东西，也会认为其价值更少。父母的爱、幸福的家庭也是天经地义。不仅如此，他们还会更加在意自己不足的部分，抱怨为什么没有得到。

我曾经采访过本书前面所提到的《纽约时报》畅销书作家格雷戈·麦吉沃恩（著有《轻松主义》和《精要主义》）。采访接近尾声时，我请他对读者说点什么，他的回答令我大吃一惊——他说希望大家都"更懂得感恩"。

如果不懂感恩，现在拥有的价值也会逐渐下降，认为一切没什么特别，或者理所当然。反之，如果懂得感恩，就会觉得一切更有价值，也会更幸福。

格雷戈·麦吉沃恩强调的不是单纯的感恩，而是"极端感恩"。有一天，他十几岁的女儿突然开始抽筋，半个身体麻痹了，认知功能也很差，写自己的名字都要几分钟。他带女儿去过很多医院，都没有发现什么明确的病名或治疗方法。作为父母，这种灰暗生活仅次于失去孩子。麦吉沃恩夫妇虽然很辛苦，但再次下定决心感恩："即使是这样，我们也要感恩能够活着一起吃饭、弹钢琴和唱歌的时间。"

在无可感恩，甚至充满怨恨和绝望的情况下，依然要寻找值得感恩的事情，这就是极端感恩。他如此重视感恩，想告诉我们的也是"更加感恩的人生"。即使拥有再多，如果缺乏感恩之心，也很难幸福。不懂得感恩的人，很难拥有积极心态。能够感恩自身拥有的人，才能成长，越来越幸福。

如果孩子考了60分，很多家庭就会像出了什么大事一样，闹得鸡飞狗跳。我侄子数学还考过30分。不管是60分，还是30分，各位父母会把注意力放在哪里呢？

"这件事怎么办才好？应该学什么，学多久？我得找个课外辅导老师。"

如果只集中于提高成绩，就会忘记孩子的健康，以及全家人和睦生活的幸福感。家庭的和睦健康难道不是更重要吗？忘记了更重要的事情，却把生命押在无关紧要的事情上。

世界上没有什么理所当然的事情。孩子健康，全家人彼此陪伴，一起吃晚饭、逛公园……如果开始感恩平凡的小事，就会从中找到意义所在。孩子也会感受到这一点，内心充满感恩，认为自己有福气。于是，无论孩子还是父母，都会明白考30分并不算太坏。全家人其乐融融，其实与学习成绩无关。为了更加积极、幸福地生活，全家人一起练习感恩吧。

全家一起实践感恩疗法

如前所述，感恩疗法分类之后更容易实践，而且不要止于思考阶段，在纸上写写会更有效果。

把一张纸分成四等份，分别写上对自我、他人、物质、经历的感恩内容。有趣的是，感恩他人更加容易。因为我们保持着向他人说"谢谢"的习惯。不过，感恩自我也很重要。

"感谢你在这种情况下还这么坚持，做得很好。"

"你现在既要工作，还要照顾孩子，辛苦了。不是谁都能做到这种程度，你真的很厉害。谢谢。"

感恩物质也不难。

"尽管如此,还是有房子住,有这种物质财富。"

然后,也可以感恩经历,甚至可以感恩不好的经历。因为我们可以从不好的经历中吸取教训。

"虽然生病了很难受,但感恩能有休息的时间。"

"虽然新冠时期很艰难,但全家人待在一起的时间增加了。"

即使没什么事,我们也可以说:"今天早上喝了一杯咖啡,感觉非常好。感谢拥有这样的时间。""今天的天空太美了,感恩能够感受到这样的大自然。"

各位觉得我说得太理想化了吗?"哪有人这样生活呢?"其实,有很多把感恩生活化的人,会对我的说法点头同意而不是提出疑问。希望各位父母先尝试并感受一下感恩疗法。不仅心情会变好,看待问题的视角也会发生变化,情况好转之后就会更加感恩。我们还要把这一切教给孩子。我推荐父母和孩子每天感恩两次,形成早晚惯例。有的父母可能会说:"这样也太难为情了。"那是因为从来没有做过。如果从小开始练习,就会成为一种文化。

和家人一起感恩,同时向彼此表示感谢。感恩是双向的。如果父母向孩子感恩,孩子的心里也会发生前面所介绍的大脑反应。代谢变得舒适,血清素和多巴胺的数值升高,孩子的想法也开始变得积极起来。这不就是双赢吗?

前面学习了"20秒拥抱法"。拥抱和感恩可以配套实践。抱紧孩子,然后表示感恩。比如,"妈妈爱你。你今天早上有点累,但还是去了学校和补习班,真的很感谢。"父母像这样表达感恩之心,孩子也会受到熏陶,感到身心舒畅。感恩应该成为家庭的常规。

练习聚焦于积极的一面

　　凡事既有好的一面,也有坏的一面。积极生活的人与消极生活的人,看待世界的视角有所不同。积极的人集中于优点,寻找值得感恩的东西。在任何情况下,只要想找,就可以找到优点,情况也会随之变好。无论做出什么决定,处于何种情况,都会认为还不错。

　　反之,如果一个人没有形成集中于优点的积极习惯,就会自动产生消极思维,进而走向最坏的情况。比如,遇到诈骗之类的冤枉事,就很容易沉不住气,陷入消极情绪:"为什么会发生这种坏事呢?我真蠢。这样被欺负,怎么活得下去啊?我的人生完蛋了。"于是,人生就会一直处于委屈与忧郁之中。

　　积极之人接受过训练,明白在恶劣的情况下也能有所收获,也知道走向下一阶段的方法。反之,消极之人在这种情况下一无所获,也便没有下一步。因为无法前进,所以瘫坐在地甚至退步的可能性更大。

　　不管遇到什么事,只要集中于优点,情况就会变好。相反,如果集中于缺点,就会觉得一切都是错。人生"应该集中于哪里",是我们自己的选择。如果集中于优点,就会积极接受自己的人生;如果集中于缺点,一切都是乱七八糟的错误选择。越是绝望和疲惫的时刻,我们越要秉持积极心态,实践寻找优点的感恩疗法。即使身处黑暗的隧道之中,也会看到光亮和出口。对待孩子也一样,比起缺点,更应该集中于优点和感恩,多看到孩子积极和可爱的一面。

父母练习
感恩疗法锦标赛

写下对自我、他人、物质、经历的感恩。

Q：写下感恩自己的内容。
- 孩子：_____
- 父母：_____

Q：写下感恩他人的内容，并亲自表达。
- 孩子：_____
- 父母：_____

Q：写下对物质的感恩。
- 孩子：_____
- 父母：_____

Q：写下对经历的感恩，尤其是在困难或消极情况下学到、得到了什么。
- 孩子：_____
- 父母：_____

Part 3

好办法
事半功倍

纠正孩子行为的 OT 疗法

孩子需要规则意识

父母应该教孩子区分正确和错误、安全和危险。教孩子什么可以做、什么不能做时,双方可能会发生矛盾。孩子想做某事,父母却说不行,在这种情况下,父母需要实施一个重要原则:OT疗法。OT是英文单词orientation的缩写,指新人培训。新人培训以大学新生或公司新职员为对象,介绍新环境、新体系,帮助他们适应。父母应该像新人培训一样,向孩子耐心说明和指导在生活中应该做什么,不应该做什么。

例如,每次去超市时,孩子都会哭着耍赖要买东西。如果父母总是指责或教训孩子,可能根本解决不了问题。在公共场所遇到这种情况,父母会很为难,而且孩子已经处于亢奋状态,训诫不起作用,下次再来的时候也可能会忘记。因此,事先制定规则并进行OT非常重要。

那么,如何制定规则呢?规则和例行程序不仅对孩子很重要，对父母也同样重要。在制定规则的时候，可以灵活运用家庭会议。只有把孩子纳入规则的制定过程，他才能更好地理解规则内容。只要孩子能用语言交流，就可以使用OT疗法。

告诉孩子："今天是全家人聚在一起聊天的日子。"准备好他们喜欢的食物，营造一种有趣的氛围。如果孩子觉得这是挨训的时间，就很难配合。父母要提前考虑孩子应该遵守的事情。例如，孩子只要去超市，就会难以自控地哭闹着买饼干，那就讨论这个问题。

"每次去超市，你都会有想要的东西，没买到很伤心吧？看到你那么难过，妈妈心里也不好受，对吧？所以，我们今天要谈谈这个问题。你怎么认为呢？我们怎样才能一起度过愉快的购物时间呢？"

我建议像这样和孩子一起聊聊天。孩子可能没有什么意见，也可能说出自己的想法。如果孩子开口说话，父母就认真倾听，然后说出自己的提议即可。

"但是，妈妈不可能把你想买的东西全部买下来。以后去超市的时候，只能挑一包饼干，你可以做到吗？"

父母一边提出建议，一边询问孩子的意见，同时说明规则。

"刚开始可能会有点难。如果你做不到，又开始耍赖，我们就得回家。"

孩子可能会问为什么，父母此时也要冷静地回答："哭闹会给店主或其他客人带来不便。我们不能做出伤害他人的行为，而且周围有很多东西，可能会很危险。所以，不守规则就要直接回家。"

像这样引导孩子充分理解规则的内容，在愉快的氛围中交流意见，他们也会理解。制定规则以后，去超市之前再说一遍。

"我们已经制定了规则，对吧？去超市的时候，应该怎么做呢？"

既然决定只选一包饼干，如果很难遵守，就要立刻回家。不过，出发之前还要再提醒孩子一次，可以做笔记或者画画。画一颗糖果、孩子文静的样子、回家的样子，简单用文字记录或画出来，一目了然地展示给孩子。

"今天应该能做到吧？我们一起努力。"

走进超市之前，再一次提醒孩子："一包饼干，安静、安全地回家。"说完再进去。如果孩子能自己说出规则，那就更好了。

进去之后，孩子也有可能做不到，如果又耍赖要买什么，父母就要告诉他们："你还没有做好遵守规则的准备，现在要回家了。"即使东西还没有买完，也要真的回家。这就是训练。"就因为你，我都快气死了"，没必要对孩子说这样的话。该买的东西没买成，父母当然会生气。深呼吸，保持沉着冷静，告诉孩子："现在还不太顺利吧？只要多加练习，很快就能做到。"

不管什么事，都可以实践OT疗法。兄弟之间抢玩具打架，即使父母从中调解或给予帮助之后，孩子下次照旧。父母的指责或训斥并没有那么容易改变孩子的行为，这种情况下也可以开家庭会议。

"你每天都和哥哥争玩具吵架，怎么才能一起好好玩呢？"

与其训斥孩子，不如吃着零食和兄弟俩坐在一起，在轻松的气氛中聊聊天。自然而然地，孩子们就会说出自己的真实想法。弟弟可以说"是哥哥的错"，哥哥也可以说"是弟弟的错"。听完孩子们的表述，父母开始提议规则："这个玩具先由××玩一段时间，然后再给××怎么样？要不要设置计时器？"

父母可以提出几个方案，孩子们也可以谈谈自己的想法，这就是制定规则的过程。假设决定先由弟弟玩十分钟，然后给哥哥玩十分钟。接下来，继续制定不遵守规则时的解决办法。

下次，孩子们拿出那个玩具时，父母可以率先进行提醒。比如问孩子："这个打算怎么玩？"然后等孩子回答。如果孩子记不起来了，父母就告诉他们："弟弟十分钟，哥哥十分钟，我们上次说好了，对吗？不能互相妨碍，记得吧？"然后，父母继续问孩子："如果妨碍对方会怎么样呢？"如果孩子答不上来，则父母继续进行提醒："下次继续练习，今天就不能玩这个玩具了。"

如果孩子们没有遵守规则，父母不要指责说："我就知道会这样。"而是按照约定收拾玩具，并对孩子们说："现在还有点难吧？那今天就练到这里，我先把玩具收起来。"像这样练习，孩子们就会领悟"只有遵守规则，才能玩得开心"的道理。

没有一次就做好的孩子

孩子练习了几次，可能依然做不到遵守规矩。此时，父母的想法至关重要。孩子并不是故意不做，只是做不到而已。因为孩子还不成熟，想玩的欲望战胜了遵守规则的意志。事实上，成年人也大同小异。明明知道需要运动，但还是不运动。这不是因为无视运动的必要性，其实心里都明白，只是做不到罢了。孩子也想遵守规则，但暂时做不到，父母应该予以理解。

"如果可以，相信你一定会做到，看来练习还不够，你还没有那么成熟。"

昨天遵守了，今天没遵守；心情好就做，心情不好就不做。这种情况也一样。如果心情好，我们就会多做运动；如果没心情，很可能不做运动。这说明缺乏自我训练。即孩子还没有成熟到持续遵守规则。因此，如果孩子做得好，就要称赞；如果孩子没有遵守规则，父母就要表示理解："现在还是有点难吧？多做练习，就会变得容易。"

另外，如果孩子不遵守规则，则按照之前的约定处理即可。比如，从超市直接回家或者不能继续玩玩具。在没有做好准备的情况下，必然会出现这种结果。这称为"自然结果"。

"尽管今天没有完成，但做到这种程度也很好啦。在超市的前十分钟表现还不错，你在努力吧？下次会做得更好。"如果父母这样回应，则孩子面对的不是惩罚、指责和父母的愤怒，而是意识到"我还需要多加练习"，理解当前结果，不会过度担忧。"我还没有完全训练好，所以今天没做好。"即使孩子略感伤心，也不会陷入负面思维，而是积极思考并接受这个结果。

以上就是OT疗法的核心。放弃一次性解决所有问题的欲望，多做几次OT，结合图画，充分给孩子解释说明。孩子心情好时，父母偶尔提醒一下；孩子做得不好时，父母按照约定处理。因为怕麻烦而纵容孩子随意买东西，就破坏了规则。自始至终遵守规则，必须从父母开始做起。

通过倾听和讨论制定规则

制定规则时一定要倾听孩子的意见。不过，倾听不代表无条件答应。"原来你是这样想的啊。你想自己一个人玩吗？这种心情也可以理解。"只有父母倾听并表示共情，孩子才会敞开心扉说出自己的想法。接下来，父母进行引导："但哥哥是不是也像你一样想玩那个玩具呢？"

孩子再小，父母也要认真倾听孩子的意见。如果单方面制定规则或强制执行，效果反而会打折。即便孩子说一些离谱的话，父母也不要无视或当面驳斥，而是应该耐心听孩子说完，然后再做解释："原来你的想法是这样啊。从你的角度，可能会有那种想法，但是……"孩子越大，父母单方面的要求就越会产生负面效果。在已经生气的状态下，很难进行这种对话。因此，OT疗法更加必不可少。OT疗法的核心是，在良好的氛围中，互相倾听，讨论需要解决的问题。

如果孩子玩游戏时间太长，那就试试OT疗法，开个家庭会议谈一谈。

"最近玩游戏的时间好像变长了，你怎么认为？你觉得玩几个小时比较合适呢？"

如果孩子说朋友们都玩三小时，自己也能接受，父母可以这样回答："是吗？妈妈有点担心，希望你可以自主处理好这三小时的时间。"孩子也可能会觉得这个时间有点不够，那就直接询问孩子的意见，然后彼此协商。"你觉得玩几个小时比较好？"如果孩子说四小时左右比较合适，那就这样再问一次：

"你觉得四小时合适？最近每天玩几个小时呢？"

"大概六小时？"

"比你想象的多了两小时呢！需要提高调节能力啊，什么方法比较好呢？"

亲子对话应该像这样彼此交换意见。此外，还可以用计时器调整时间。不管是儿童还是青少年，计时器都很有用。我推荐可视计时器，即时间流逝清晰可见。能够看到时间流逝的沙漏也可以。市面上有很多便宜的儿童沙漏，网上也销售各种视觉计时器。

如果对孩子说："五分钟后可以吃饼干。"就准备一个五分钟的沙漏，然后让他们边做其他事边看沙漏。如果孩子拿着沙漏说"五分钟到了"，父母就要称赞他们的耐心等待。如果约定十分钟，可以重新翻转沙漏或使用十分钟的沙漏。"我们十分钟后要出门，五分钟后沙子全部掉下去，再翻过来。"

儿童沙漏一般有五分钟、十分钟、十五分钟等套装。如果是青少年，三十分钟、一个小时的沙漏更合适。青少年还可以选择其他种类的可视计时器或显示数字较大的普通手表。计时器的优点是，到了时间就会响闹钟，只以时间为准，受感情因素的影响少一些。例如，比起妈妈说"现在该出去了"，计时器的闹钟响声不会那么令人烦躁。

调节的第一阶段是自我认知。认识到自己在做什么、做多长时间，是改善的开始。然后是努力自我调节。"自我"非常重要。如果父母持续告知并催促"现在时间到了"，那时间调节就是父母的作用，而且不给孩子练习机会。如果注视定时器的人不是父母，而是孩子自己，则对自我调节能力的发展很有益处。

需要注意的是，不要一次制定太多规则。同时练习各种规则，很难取得理想效果，所以我不建议这样做。尤其是改善问题行为，可以同时考虑一两个，最多三个。比如，孩子在超市耍赖、因为玩具吵架、不做作业是最严重的三个问题。与其一次性改正三个问题，不如按顺序逐一进行更好。如果在超市的行为有所纠正，那就再加一个试试。以这种方式，最多可以同时改善三个问题。不妨先选择最重要的问题制定规则（如果问题较多，就先解决一两个），孩子适应以后再添加下一个，依次实践OT疗法。

父母练习
和孩子一起制定规则

纠正孩子行为的核心是在孩子感到舒适的状态下讨论问题,并一起制定规则,然后帮助孩子遵守规则。想想孩子应该知道的规则吧。

Q:孩子遇到过哪些困难状况?

_____

_____

Q:全家一起讨论这个问题,并征求孩子的意见。

_____

_____

Q:考虑一下哪种规则合适。如果没有遵守规则,会发生什么样的自然结果?

_____

_____

防止孩子过度沉迷的方法

为什么会过度沉迷游戏与智能手机

最近很多父母因为孩子玩游戏而大伤脑筋。孩子一有空就玩游戏,父母因此每天都和孩子争吵。何止是游戏呢?如果想让孩子放下智能手机,战争就会开始。过度沉迷于游戏或智能手机,对健康也会产生不良影响,可能引发肥胖、视力下降、姿势不正确/体型不均衡、关节问题等。使用智能手机的行为本身并不是问题,就像喝酒也不是酒精本身的问题,而是滥用或上瘾的问题。很多父母都曾咨询我应该如何结束与游戏、智能手机的战争。

不过,在苦恼"如何解决那个问题"之前,是不是应该先考虑一下"为什么会出现那个问题"呢?实际上,青少年过度使用智能手机和玩游戏的情况存在很大差异。我认为这与青少年如何度过日常生活有关。"其他的事情全部交给妈妈,你只要好好学习就行了。"各位父母是否经常对孩子这样说呢？孩子就像关在笼子里的牛，只要成绩好就行，成绩决定孩子的价值和等级。这种做法无异于给奶牛提供最好的饲料和世界一流的抗生素保证其不会生病，所以奶牛无须担心任何事情，只要好好吃饲料、多产奶就可以了。

在父母的强迫下，孩子做着不喜欢的功课，放学以后还要在补习班接受课外辅导，不停地与书本打交道。终于有了短暂的休息时间，孩子会主动说"我想读书"吗？

试想，父母整天在公司工作，精疲力竭地回家做完家务，余下的自由时间难道不想躺着玩手机、睡觉吗？如果还要继续工作，能不生气吗？我身为教授，每天都会学习，还要阅读其他论文，备课或写论文，感觉脑子都要炸了。尤其是每天阅读、写作八个小时以后，什么都不愿考虑，只想看手机。

孩子痴迷智能手机的第一个原因是整天学习，精疲力竭；第二个原因是没有出去玩过，只被"关在笼子里"生活。遗憾的是，他们根本没有机会培养其他兴趣爱好。从小懂得玩乐、尝试体育或音乐等兴趣爱好的孩子，除智能手机外还有很多事情可做。但只知道学习、没有玩过的孩子，连休息的方法也不知道。除了玩智能手机，他们没什么可玩的。因为既没有做过别的，也没有余力去做。

"孩子连作业都不做，连续玩了几个小时的智能手机。"

很多父母对此表示十分担忧。可是，孩子不玩智能手机，又能做什么呢？孩子到了青春期，争吵会更严重。与其平息已经发生的战争，不如提前预防战争发生。

为孩子提供寻找趣事的机会

预防方法很简单：从小让孩子多玩，孩子就会更喜欢其他活动，如音乐、体育、美术等。"孩子是艺术家"，为什么会出现这种说法呢？孩子在充分玩耍的同时，对艺术或体育的造诣也会随之加深，很少会过度投入游戏中，因为其他活动实际上更有趣。

其实，美国孩子并不像韩国孩子这样热衷于游戏，不仅是儿童，初高中生也和篮球、足球、棒球队的队友们一起外出练习，和朋友们一起去购物中心玩耍或者看电影，没有多少时间在家玩游戏。因为这种玩耍和休息方式更有意思。韩国的孩子什么样呢？天天上补习班，到家以后脑子一片空白，所以什么都不考虑，只想玩游戏。即玩游戏的同时冷静头脑。父母创造了一个除学习外什么都做不了的环境，现在却又让孩子做游戏之外的其他事情，孩子只会感到慌张。

当然，美国孩子也玩游戏，但玩一会儿就会出门，因为到了和朋友们打篮球的时间，而那种活动更有意思。为什么呢？因为他们从小就这样做。因此，如果孩子还小，父母只要让孩子尽情玩耍，就可以预防过度沉迷于游戏和智能手机。我建议各位父母为孩子创造条件学习艺术或体育，体验大自然。

曾有父母说："我带孩子去体验大自然，但孩子不喜欢，出去了也只玩智能手机。"然而，从小经常体验公园游玩、爬山、野营等活动的孩子，大多喜欢和家人共度时光。最近喜欢音乐的孩子也很多，说唱、作曲比以前容易了，可以当作一种兴趣爱好。运动当然也很好。如果孩子感兴趣，父母最好为孩子创造条件。孩子还会喜欢手工或者做实验。近来只通过网络视频也可以学习，根本不用花一分钱。还有的孩子喜欢做菜。不是"妈妈做饭，你学习吧"，而是应该一起动手。

还有很多孩子想做视频博主，但长大未必一定会成为职业博主，因为他们的兴趣会变化。不过，学习并尝试有趣的东西有助于增强好奇心，拓展学习领域。不管是什么领域都要先着手尝试，孩子觉得有趣就继续，无趣就换一项，没必要有太大心理负担。而且，即使孩子对什么感兴趣，也没必要过度投资。假如孩子想做视频博主，父母就购入昂贵的装备，一旦孩子很快厌倦了，父母就可能会埋怨孩子"没什么事可以坚持到底"。然而，孩子就是这样。体验各种活动，关注的事情时刻发生变化，这种现象再正常不过了。因此，只要用智能手机摄像头和经济实惠的三脚架开始就可以。

当然，有的孩子有游戏潜力，可以成为职业玩家。想成为职业游戏玩家的孩子，就是真的喜欢玩游戏。父母可以试着判断孩子是因为没有其他兴趣爱好或休息方式，还是真正喜欢游戏。区分方法也是让孩子玩，尽情地玩。中途寻找其他兴趣爱好的孩子会比想象中的多。如果从小就让孩子尽情地玩，但他还是更喜欢游戏，而且玩得好，那说明他对游戏具备浓厚的兴趣和才能。

放养而不放任

父母养育孩子的最佳方法是"放养"。假设原野上有一头牛,蓝天白云,微风轻拂。牛悠闲地吃着草,还可以安静地走向任何看起来更好吃的草地。

放养不等同于放任。放任是不管不问,反而不利于牛的健康。放养有篱笆,牛不能去某个范围以外的地方。那么,放养孩子应该怎么做呢?在保证安全的同时,给予孩子自由。安全是指孩子的身心健康稳定。另外,篱笆是价值与心态的规则:"这一点必须做好,要讲诚信,你负责的事情要有担当,诚实做人,为家庭做出贡献,照顾他人,不要给他人造成伤害……"这就是篱笆。只要孩子在这个范围之内,就可以自由生活。

"放养以后,孩子真的什么都不做。"

如果父母这样说,那我会问父母在孩子幼年期的家庭教育方式。从小就在安全和价值正确的圈子里放养吗?到自己想去的地方"吃草"的孩子,会有自己的兴趣爱好。很少有孩子对任何事物都不感到好奇,觉得一切很无趣。

"孩子好像没有什么兴趣爱好。"

孩子要去另一边,父母却说:"那边的草不好,快过来。"如果孩子在这样的父母身边长大,寻找个人兴趣的触觉和意志力就会逐渐减弱。所以,放养并寻找各种可能性至关重要。等孩子到了十几岁,能够与智能手机或游戏竞争的不是学习,而是玩乐（兴趣爱好）。因此，父母应该支持孩子从小就去做自己感兴趣的事情。寻找和发展个人兴趣爱好的孩子，没有闲暇在智能手机或游戏上投入太多时间。

父母要善于寻找让孩子眼睛发亮的东西。我认为，用课外辅导费带孩子去旅行、做运动、听音乐，是一种更好的教育，更有利于孩子的未来发展。不管是什么活动，只要对孩子没有害处就可以。希望各位父母不要局限于有教育意义的活动。无论通过什么活动，孩子都会有所成长，学到新知识。多方面的智能发育，就是前面学过的4C发展。从小通过各种活动培养兴趣爱好的孩子，即使学习累了，也会以此冷静头脑，消除压力。"其他什么事情都不做，只埋头学习才能有所成就"是一种错误观念。

据说物理学家爱因斯坦的小提琴水准不亚于专家，诺贝尔和平奖得主阿尔贝特·施韦泽博士从小就演奏风琴。我们经常可以看到许多认真发展兴趣爱好并取得成功的故事，因为在自己喜欢的领域获得的自信和经验也可以应用到其他领域。因此，各位父母千万不要认为玩耍或兴趣爱好会妨碍学习，一定要实践让孩子在"篱笆"内尽情玩耍的放养疗法。

寄宿生疗法

如果已经错过预防期又该怎么办呢？孩子到了青春期，父母的绝对控制不再是合适的教育方法。如果父母想要控制孩子，反而会起到反作用。此时，父母不应该试图控制孩子，而是应该培养孩子的自我调节能力。如前所述，想要自我调节，首先要进行自我认知。如果孩子漫无目的地玩游戏，时间观念就会变得淡薄。父母也一样，百无聊赖地看电视剧或网络视频，难免在不知不觉间忘记时间的流逝。因此，父母要帮助孩子自控。

例如，问孩子"一天玩多长时间游戏合适"，然后准备一个方便孩子自己使用的计时器。这样做的目的是帮助孩子自我调节。"只玩两个小时游戏，然后学习三小时"这种嘱咐根本没用。如果想以此引导孩子，倒不如直接说："学习两小时，然后我们去湖边钓鱼，看新上映的电影。"

我想向那些因为错过预防时机而疲惫不堪的父母推荐"寄宿生疗法"（OT疗法的青少年版）。父母首先不能试图控制孩子，或者认为他们必须听话。如果父母的控制欲太强，不仅会破坏亲子关系，等到孩子开始表现出问题行为，父母只会后悔不已。父母应该帮助孩子培养自我调节能力。我需要再次强调，让孩子听话并不是教育的目的。

在儿童精神科也有很多这样的父母前来就诊。

"孩子太不听话了。"

孩子本来就不听话。而且，一个人为什么要一直听别人的话呢？就算是父母和孩子，也是不同的个体。孩子到了青春期更是如此。父母应该明白，孩子的能力还在发育中，父母要帮助孩子好好发育，以及苦恼如何帮助孩子自我调节。也就是说，问题应该从"怎样让孩子听话"转变为"怎样才能帮助孩子做出更好的选择"。命令与服从不是教育。如果我们养宠物，命令与服从或许是重要的教育方式，因为养宠物的最终目的不是为了让它们自立。

很多父母可能会问："孩子玩三小时游戏，怎么才能让他只玩两小时呢？应该如何奖罚呢？"此时，我会再次提起外部动机。与其只想着用外部动机来控制孩子，不如帮助孩子培养能够更加健康玩游戏的自我调节能力。

"如果这样做，孩子就会自我调节吗？"

许多父母可能会对此感到疑惑。那么，控制住孩子，问题就解决了吗？孩子难道不是偷偷地违背父母吗？亲子矛盾加深，孩子会变得更加叛逆。当孩子很小的时候，一定程度的控制是必要的。

如果孩子到了青春期，父母则应尊重他们，视其为独立的个体。我建议把青春期的孩子看作寄宿生。父母想对孩子说什么话时，要首先考虑一下对寄宿生会怎么说，比如，"看你最近睡得太晚，妈妈有点担心。"能对寄宿生说的话很有限，必须考虑更合理地表达健康忧虑的方法，然后才能共同解决问题。这就是"寄宿生疗法"。

孩子可能并没有什么想法。即便如此，也不建议单方面灌输父母的想法。比如，父母认为孩子睡得太晚，但孩子可能会说"我好像睡得不是太晚"，或者"到了十二点就睡"。那么，父母可以告诉孩子睡得太晚不利于健康,而每天晚上督促孩子"快睡"并不是一种好方法。没有人会这样对待寄宿生。就算这样做了,青春期的孩子也不会听话。

因此,不如找个机会,趁"寄宿生"高兴的时候再说吧。

"寄宿生,家人都说要十一点睡觉,但你的房间一直有噪声。你怎么认为呢?"

"每天早晨七点,我们全家人一起吃早饭,希望你也能在场。"

如果孩子回答说"我也会早睡早起",那就很感谢了。父母强迫并不能解决问题。比起询问"行不行",更应该从帮助孩子培养自我调节能力的视角入手。

自我调节的第一阶段是自我认知。我推荐过使用计时器的方法。孩子到了青春期,不应该再由父母启动计时器,而是孩子自我管理。父母可以给孩子买计时器,但他们要学会自己使用,独立思考。

"你觉得自己每天玩几个小时的游戏合适?"

"你认为这种程度有利于健康吗?"

如果孩子回答说"应该少玩一会儿",则父母可以准备定时器,让孩子自己调整时间安排。像OT疗法那样做出说明,然后观察孩子的行动,帮助并等待他们培养调节能力。此时,父母必须注意一个问题:

"你怎么说话不算话,又没做到呢?我就知道会这样。"

如果父母像这样指责孩子,就会形成对立局面。我们的生活越来越离不开智能手机、平板电脑等电子设备，父母不要无条件反对，而是要引导孩子如何自我调节并健康使用这些设备，同时通过体育运动或其他活动保持日常生活均衡。

很多父母会问孩子每天玩几个小时的智能手机比较合理，但这个问题没有标准答案。如果前面说明的"基本原则"（"煮饭疗法"）做得好，其实这些部分并非只有一个标准答案。没有人规定几个小时有利于孩子健康，超过几个小时就会毁掉孩子。不过，世界卫生组织（WHO）建议不要给未满一周岁（美国儿科协会规定"未满十八个月"）的婴儿看智能设备，未满五周岁则是一小时以内。如果孩童时期在智能设备上花费太多时间，只会刺激一个领域，阻碍大脑的均衡发展。

此外，根据父母的哲学或价值观，这个问题的解决方法也大不相同。父母提供的环境也有所影响。父母本来就很少看电视，孩子也几乎不会有什么看电视的机会；父母很喜欢看书、听有声书，孩子也会自然而然地接触到很多书。如果父母经常看电视，经常用智能手机购物或看视频打发时间，却限制孩子看电视或者手机的时间，怎么可能不产生矛盾呢？

总之，孩子到了青春期，改变习惯当然很难。青春期逐渐暴露出父母当初育儿的问题，纠正起来并不容易。而且，控制青春期子女也很难吧？非但没有效果，还会恶化关系、增加矛盾。无论是为了孩子，还是为了亲子关系，希望各位父母像对待寄宿生一样尊重孩子。

父母练习
预防过度沉迷于游戏与智能手机

寻找可以预防过度沉迷于游戏和智能手机的活动，了解孩子更喜欢什么。

Q：孩子对什么感兴趣？

_____
_____
_____

Q：写下孩子的兴趣爱好。

_____
_____
_____

培养自我调节能力

让孩子自己做决定

除了游戏和智能手机,孩子还会沉迷于各种东西。我们周围存在太多诱惑,父母不可能每天都守护着他们,而是要培养孩子自我判断与调节的能力。

换个角度说吧。在医疗上,当患者感到巨大的痛苦时,有时会使用毒品性镇痛剂,但这种药物很容易上瘾,所以控制用量很重要。为了防止患者注射过量,一般会有所限制,比如四小时以内只能注射一次等。不过,每个患者需要的剂量略有差异。因为有些人对镇痛剂更敏感,有些人效果差一些。镇痛剂效果迅速下降的患者,由于这种时间限制而无法接受注射,可能要忍受痛苦。

因此,为了方便患者在感到疼痛时自行注射镇痛剂,有时会使用一种名为PCA(Patient Controlled Analgesia,自我调节镇痛)的器械,但剂量不变。如果可以自由注射镇痛剂,患者是否会注射更多呢？出乎意料的是，事实并非如此。在接受医护人员的控制时，患者们只能痛苦地等待时间流逝。在恐惧情绪的影响下，痛感比心情舒畅时更加严重。终于到了注射时间，患者难免会尽量多注射一点，因为担心在下次注射时间来临之前药效下降，所以会表现出继续注射的行为。患者受到他人的彻底控制时，反而更加执着地渴望镇痛剂。

反之，如果给患者一个器械，"感到疼痛时可以自行按压"，则患者使用的镇痛剂量会更少。因为即使有点疼，但患者知道自己可以随时注射镇痛剂，所以不怎么担心，也就不那么渴望。不必害怕无法注射而饱受痛苦，安下心来，痛感也就相应减少了。

像这样，如果一个人拥有控制和调节自由，不仅安全感十足，还会产生要合理利用控制机会的责任感。这就是内部动机。对待孩子也一样。

"我希望你能学会自我调节。你现在已经十五岁了，应该自己决定行动，而不是听妈妈指挥。我认为你可以自己培养这种能力，我也会尊重你的自律性。"

像这样，聊天的时候偶尔问一下"进展如何"即可。希望各位父母不要太担心给孩子自我控制的权限。当然，孩子不会像父母期待的那般完美调整，但也有研究表明，不少过度沉迷于智能手机和游戏的青少年在一年以后有所好转。所以，就算很担心当前情况，也请相信孩子并耐心等待。经过了自我训练和熟悉的过程，节制力就会随之增强。

孩子可能依然无法控制自己。还记得"煮饭疗法"吗？如果说孩子是大米，水就是爱和保护。孩子在幼年时期很脆弱，父母要尽最大努力保护他们。随着年龄的增长，孩子的自立心会越来越强，父母也应该从保护过渡到支持。父母不要过于保护孩子，而是应该给予爱和支持。

所谓支持孩子，并非包庇孩子的错误或者无条件称赞"做得好"。"我知道很难做到，妈妈也一样。不过，具备自我调节能力才是更成熟的表现，才能过上更好的生活。你正在努力，一定会做得越来越好。"

父母的表率作用

其实，在培养自我调节能力方面，父母先做出表率是一种极其有效的方法。父母总是只盯着智能手机，却对孩子说"你不要看"，孩子当然不听。父母不做该做的事情，却督促孩子"尽到你的责任"，也会行不通。只有父母表现出自我调节能力，孩子才会自然而然地学习。

我有很多事情要做，有时很难做到，却也会因为责任感而坚持完成。看到我埋头工作的样子，一起生活的外甥曾经这样对我说："姨妈，明天再做吧。"我回答说："可是有人在等我啊。为了他们，我必须尽快完成。"

如此一来，孩子就会自行领悟到"为了尽到我的责任，即使有点辛苦,也要学会调节"的道理。没必要非要用语言表达出来。因此,如果想要教育孩子,父母应该首先审视自我:我看了多久智能手机?读了多少书?我在做有意义的事情吗?我认为的重要价值是什么?我的品行怎么样?父母也不完美,也需要继续成长。父母的行为会给孩子带来启发。

"妈妈那个年纪还在继续学习和努力,爸爸也在努力改正自己的不足。"

如果希望孩子能够如此成长,父母就要表现出自己的成长状态。"妈妈和爸爸也在不断学习和成长。只要这样练习,就会变得更好。"这句话不仅要说给自己,也要告诉孩子。

从了解自己的情绪开始

自我调节能力较弱的大人,也会像孩子一样。只有提高自我调节能力,才能真正成长为大人。以下几种方法有助于培养自我调节能力:

"煮饭疗法"的水,即温暖的爱。孩子得到的爱越充分,自我调节能力就掌握得越快。无条件的爱、绝对存在价值的信息,就是如此重要。

父母的反应也很重要。尤其是孩子感到困难时,父母必须做出反应。如果父母理解孩子的辛苦,并表达共情,孩子就会感到安全,而且会变得越来越好。这种做法并不意味着孩子说什么就是什么，而是懂得倾听，做出适当的反应。这有助于增强孩子的自我调节能力。

那么，培养自我调节能力，需要注意哪些方面呢？有人生气时会大喊大叫或者乱扔东西。那种人并不觉得自己做得对，事后都会后悔。他们知道不应该那样做，也下决心以后不要那样做，但下次生气时却又会重蹈覆辙。为什么呢？因为他们无法自我调节。

此时，首先要学会自我认知。如果意识不到"我要生气了"，就会爆发出来。我们需要在开始生气的时候有所察觉："我有点生气了，越来越气，再生气就爆发了。"为了减轻怒气，我们可以转移话题、离开现场，或者出去换换气。反之，如果无法及时自我认知，就意识不到自己已经生气，任其发展下去，直至爆发。自我认知就是如此重要。

如何教给孩子自我认知呢？

首先应该引导孩子练习了解自己的情绪。孩子起初可能不太明白，所以需要父母告知"朋友借走你的玩具很久不还，看来你很伤心啊""你想吃饼干却不能吃，所以很生气啊"……父母可以在孩子开始出现情绪反应时，像这样帮助他们学习自我认知。

其次，要培养孩子解决问题的能力。只要可以解决问题，情绪和行为就能得到自动改善。因此，解决问题能力强的孩子，调节能力也相对较好。而且，明白问题可以得到解决的孩子，也能更好地调节自己的情绪与行为。"让我们一起思考如何解决这个问题吧。"遇到问题时，父母可以像这样告诉孩子总有解决办法。

父母教给孩子自我调节能力时，还有一个要点是训练自己考虑他人的立场。只想着自己，不考虑他人，就会经常生气。孩子在玩某个玩具，如果被别的孩子抢走，就会生气。但是，如果想到"我玩很久了，其他孩子应该也想玩吧"，就不会那么生气了。这就是"换位思考"。孩子自己可能不会马上察觉到这些，所以需要父母进行引导："你占用这个位置很久了，等待的朋友们会有什么想法呢？可能会生气吧？"

如果孩子最终还是生气了，那么掌握冷静下来的方法就很重要。大人也一样。生气的时候应该大喊大叫吗？可以扔东西，或者摔门而去吗？不，我们应该掌握让自己冷静下来的方法，这一点极其重要。

那么，应该如何教给孩子呢？下一章我们来学习几种可以放松的技能。

父母练习
培养自我调节能力

父母首先表现出自我调节能力,为孩子树立榜样,对教会他们自我认知,培养解决问题的能力会很有效果。

Q:写下你想给孩子展现的具备自我调节能力的样子。我是容易发火的人吗?我能意识到自己在生气吗?生气时如何镇静?

_____

_____

Q:想一些词来帮助孩子认识自己的情绪。

_____

_____

Q:帮助孩子解决遇到的问题,并与他们讨论如何考虑他人的需要。

_____

_____

学会在情绪失控时冷静下来

构建安静空间

如前所述，想要培养自我调节能力，首先要学会自我认知。如果孩子没有察觉到自己的情绪，父母就要告诉孩子"你生气了""你伤心了""你难过了"。父母应该仔细观察孩子的状态并告诉孩子，帮助他们提高自我认知。

其次，当孩子有所要求时，父母应该教给他们学会等待。这种能力非常重要，同时需要不断努力，所以最好引导孩子从小开始练习。例如，孩子想吃饼干，父母可以这样向孩子解释必须等待的情况："刚吃过饭，十五分钟以后再吃饼干。""很快要吃饭了，饭后再吃吧。"

虽然孩子可能不太乐意，但父母要不断进行时间由短到长的训练。例如，告诉孩子"五分钟以后再吃"，然后计时五分钟，并陪孩子玩积木或者画画等其他活动，以此转移注意力。如果只是安静地等待，孩子可能更难坚持。当孩子想要什么东西时，父母不要立刻满足，而是以这种方式训练等待，并在事后称赞孩子。

"你很想吃饼干，但还是坚持读书五分钟后才吃。你成长了很多，做得很好。"

如果孩子等不了或者闹脾气，父母可以像这样承认孩子的情绪并告诉他们："你现在想要却拿不到，所以心里很难过吧。你生气了。再等五分钟。等待很难吧？慢慢练习，就会变得容易。"通过这种反复练习，孩子就会逐渐成长。

最后，教给孩子在生气的时候如何让自己镇定下来。呼吸是思想训练的基本，我也会教大人们这样做。对孩子来说，这种方法同样很重要。我建议在家里构建一处"安静空间"。如果是儿童，可以设置在客厅一侧或者沙发旁边，稍微大一点的孩子也可以布置在自己的房间里。放个懒人沙发也行。常见的儿童椅或者室内游戏帐篷也不错，然后放上孩子喜欢的毯子、玩偶等。如果是晚上，灯光可以暗一些，在墙上贴上孩子喜欢的画。构建这种空间的核心是打造让孩子心情变好的氛围。需要注意的是，不要放太多东西，否则显得过于散漫。

一切准备就绪后，父母可以这样向孩子说明："这里是'安静空间'。当你感到心里不舒服、生气或者烦躁的时候，就来这里看看这些，让心情平静下来。"

孩子在生气哭闹的时候是很难引导的，所以需要提前练习。我们之前学习过的"20秒拥抱法"和"感谢"的程序，就可以在"安静空间"进行。如果早上太忙，哪怕是晚上，也要按照程序来做。如果再播放一些孩子喜欢的温馨童谣或者睡前听的歌曲,这里就会成为让孩子感到舒适放松的空间。

帮助镇定内心的呼吸法

父母可以教给孩子镇定内心的呼吸法。

第一种是"气球呼吸"。将双手交叉放在头顶,数到4,同时用鼻子吸气,双手逐渐抬起,画一个大圆,就像气球充气鼓起来一样。然后,用嘴呼气,再次把手慢慢放回头顶,使圆变小。此时嘴里发出气球漏气般的"噗噜噜"的声音,孩子会觉得更有趣。陪孩子开心地玩起来吧。"我们玩气球呼吸,看看谁的气球最大。"深呼吸会促使自律神经系统中的副交感神经变得亢奋,使身体放松镇定,孩子也会感到舒适。

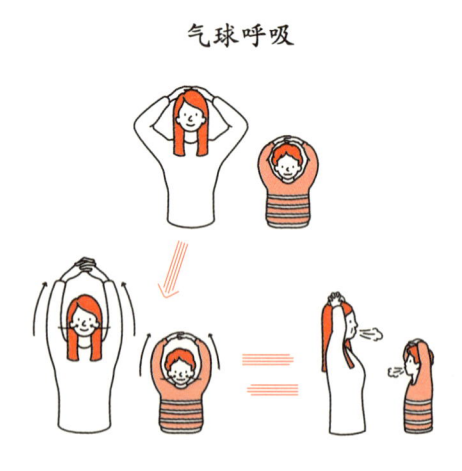

气球呼吸

第二种是彩虹呼吸，同样是利用身体的大动作。双手左右展开对齐，用鼻子吸气，像要触碰天空一样抬到头顶，然后看着手掌呼吸。手再次向旁边放下，用嘴呼气。可以向孩子解释得有趣一些："这是用手画彩虹，彩虹忽上忽下。"

彩虹呼吸

像这样呼吸，自然就会镇定下来。慢慢呼吸，就形成了深呼吸。成人也可以学习"4-2-4"呼吸：用鼻子吸气，分4次逐渐吸气，然后停顿2秒，再分4次慢慢用嘴呼气。

面临负面情况，人会因为自动思维而产生消极想法。此时，自律神经系统中的交感神经会变得亢奋，呼吸急促，瞳孔增大，眼睛变圆，心跳加快。如果慢慢呼吸，大脑中的副交感神经就会亢奋。在感到"危险，快死了"的情况下，慢慢呼吸并镇定下来，身体就会向大脑发出信号："好像不是那样的。"

我们无法依靠意志来调节心脏，但可以调节呼吸，并以此调节自主神经系统。

孩子可能无法完成呼吸练习，那就玩更有趣的吹泡泡吧。因为吹肥皂泡时会自动深呼吸。同样的原理，用风车也可以。

这样呼吸，让身体变得舒适。肩膀放松，面部放松，下巴也放松。当孩子伤心、生气或者心情不好的时候，就可以尝试一下。

为了让孩子记得气球和彩虹，可以画出来贴在墙上。"我们吹气球，还是画彩虹？"——如果提前有所准备——吹肥皂泡或者风车也可以。"像做游戏一样反复练习，孩子就会喜欢这段时光，父母也可以缓解自己的压力或紧张感。当我感到压力和担心时，也会一边呼吸一边调整心态。遇到难以应对的患者时，心里烦闷难过，我就会一边呼吸一边对自己说："我能处理好这种情况。"然后，心里真的好受多了。每个孩子基本都能做好呼吸。这个方法可以成为受益终身的工具。父母练习，同时也教给孩子，家庭生活会更加温馨。

安抚不安情绪的"烫手山芋疗法"

发脾气、耍赖、撒娇……每当孩子出现这些行为，父母都会焦急万分。在孩童时期，父母的反应和共情最重要。但是，如果孩子再长大一点，培养了自我调节能力，则父母在反应和共情的同时，还需要再做到一点。

每个孩子都会有做不好的事情。非常讨厌或害怕某件事，绝对不做某件事，或者耍赖一定要做某件事。对此，父母不能全部答应。儿童精神科有一个重要的概念，即想要健康地发展孩子的情绪，必须让其均衡地体验满足感与挫折感。

生活中不可能没有挫折，经历挫折并重新站起来的经历也很重要，所以孩子要学会处理挫折感。当孩子遇到挫折时，父母难免保护本能先行，想要立即消除这种挫折感。然而，如果每次都由父母出面消除挫折感，孩子就无法学习处理挫折感的方法。"你想吃那个，但是现在吃不了，所以有点伤心吧。"这样与孩子共情当然没问题，但别忘了说"那也得等五分钟"。此时，孩子会产生挫折感，但也会领悟自己处理这种挫折感的方法。

我称之为"烫手山芋疗法"。"烫手山芋"是指因负担过重而不想处理的问题。也就是说，我们不想面对的情绪或者状况，就可以称作"烫手山芋"。但是，与其把孩子的"烫手山芋"都收拾掉，不如给孩子一个自己处理的机会。例如，孩子因为想要玩具而耍赖哭闹。在这种情况下，父母不要立刻给孩子买玩具以求消除困难，而是用"烫手山芋"，即不适的情绪（无法如愿的失望感、遗憾的情绪），帮助孩子挺过去。

朋友的孩子在三岁时特别害怕水和饮料。对这个孩子来说，水就是烫手山芋。很多父母可能会这样回答："那种东西有什么可怕的呢？"请记住，第一句话应当表达共情："你不喜欢水,对吧?"有的父母看到孩子不喜欢水,就会把水全部清理掉。可是,孩子不可能一辈子避开水。这种情况下,与其直接把水拿走,不如放在视线范围内,但距离安全的地方。父母也可以用身体遮一下水,同时对孩子说:"你不喜欢水吧?水放远了一点儿,而且妈妈在身边,别担心。虽然现在很难克服,但你会慢慢变好。"如果孩子大哭着说"拿走",父母应该帮助孩子稳定心态,等待孩子自己冷静下来。妈妈抱着孩子,把水拿远一点,孩子一般很快就会镇定下来,然后有所领悟:"我能做到。"妈妈并没有把水拿走,水还在那里。孩子虽然很讨厌水,但会发现情况没有那么严重。随着这种经历的反复,孩子就能学会处理各种"烫手山芋"。

在这个过程中,最重要的是父母的态度。孩子已经很难受了,有的父母可能反倒会埋怨孩子:"其他孩子都没事,怎么只有你一个人这么特别?怕水,简直太荒唐了!"每个人都会有自己的"烫手山芋",我们应该接纳这种多样性。"这可怎么办呢?就因为你,我哪儿都去不了了。"有时候,甚至就连父母也很难处理这种不适状况下的烫手山芋。此时,我们需要一个"忍"字。呼吸非常有用。父母可以一边深呼吸,一边对自己说:"我可以处理好这个情况。"父母在烫手山芋面前不知所措,自己无法调节,却要教给孩子自我调节能力,这本身就很矛盾。

如果父母展现出自我调节的样子,传授效果会更好。即使孩子已经躺在地上打滚耍赖,如果父母继续保持平常心,孩子就会明白"原来应该那样做"。这个过程并不容易，却依然要继续练习，同时告诉自己"我可以处理好这个情况"。

就算孩子没有立刻好转，大多数情况也会随着成长而有所改善。当然，由于个体差异，有的父母可能会觉得自己的孩子成熟得特别缓慢。尽管如此，孩子同样在继续成长。所以，各位父母不要过于惊慌或者不安，一定要相信孩子会日渐成长，逐渐好转。父母可以这样对孩子说："今天很辛苦吧？但你还是认真配合了妈妈的行动，非常感谢你。我们会越来越好，下次继续练习吧。"如果父母持续引导孩子，给予他们勇气，同时自己成为他们的好榜样，孩子总有一天会变得成熟。即使遇到困难，也要耐心地坚持基本原则。

父母练习
与孩子一起呼吸

和孩子一起练习培养自我调节能力的"气球呼吸"和"彩虹呼吸"。当孩子面对讨厌的情绪或状况时,实践"烫手山芋疗法",并考虑可以对孩子说哪些话。

Q:和孩子一起练习"气球呼吸",并分享内心感受。

- 父母:＿＿＿＿＿＿＿＿＿＿＿＿＿＿＿＿
- 孩子:＿＿＿＿＿＿＿＿＿＿＿＿＿＿＿＿

Q:和孩子一起练习"彩虹呼吸",并分享内心感受。

- 父母:＿＿＿＿＿＿＿＿＿＿＿＿＿＿＿＿
- 孩子:＿＿＿＿＿＿＿＿＿＿＿＿＿＿＿＿

Q：写下孩子讨厌的状况，以及父母可以说的话。（例：这件事有点难处理吧？妈妈陪着你，不要太担心。只要多做练习，就会越来越好。）

_____
_____
_____

制定例行程序,培养终身习惯

制定父母和孩子共同遵守的例行程序

我想强调一下家庭例行程序和仪式的重要性。例行程序对父母和孩子都有好处,可以维持健康的生活。

先和孩子们讨论,然后确定程序。根据前面说明过的内容,可以制定如下:

☀ 早间例行程序

20秒拥抱 → 感恩疗法,呼吸 → 吃早饭 → 刷牙,洗脸
↓
出门 ← 穿衣服 ← 梳头发 ← 整理书包

🌙 晚间例行程序

洗手 → 做作业 → 玩耍 → 吃晚饭 → 洗脸 → 穿睡衣
↓
晚安之吻 ← 20秒拥抱 ← 读书游戏疗法 ← 感恩疗法,呼吸

像这样制定程序，孩子会学得更好。孩子经常磨蹭，使用计时器可能会有所帮助。尤其是早晨，父母忙得不可开交，孩子却慢慢吞吞。在这种情况下，父母不要埋怨孩子，而是应该以协助者的姿态引导孩子自我管理。

如果孩子不能很好地执行程序，使用图画卡片会有所帮助。呼吸、拥抱20秒、吃早饭、刷牙等，按照例行程序的顺序逐一画在卡片上，在家庭会议上通过OT疗法进行说明。

OT疗法不能只进行一次就结束，而是要反复多次才能让孩子深刻理解。每周检查一两次例行程序比较好。"我们有什么进展？我们最近怎么样？"

把画有例行程序的卡片按顺序贴在显眼的地方，然后问孩子："现在我们应该做什么事？"如果孩子看着卡片说"现在是20秒拥抱时间"，那就一起执行吧。

"下一项是什么？"

"刷牙、吃早饭的时间。"

父母要像这样引导孩子看着卡片自己回想起来再练习执行程序。比起口头叙述，孩子用眼睛看到更重要，也更喜欢身体力行。完成一个程序后，标记圆圈或摘下卡片收好，也可以直接翻过来。让孩子自己标记已经完成的项目，他们会感觉更加有趣，充满成就感。

如果孩子做得好，父母要及时表扬孩子。即使孩子动作有点缓慢，父母也要多加鼓励："这个没那么容易吧？我们再试一次怎么样？"父母一定要有耐心，因为孩子尚且缺乏坚持的能力。父母应该一直帮助孩子培养这种能力，威胁与催促只会适得其反。

晚间例行程序可能比早间长一些，可以分为两个部分：傍晚与睡前。傍晚程序可以根据孩子、父母、家庭的情况适当分为洗手、做作业、玩耍、吃晚饭等，睡前程序可以分为洗脸、换睡衣、读书游戏疗法、感恩疗法、20秒拥抱疗法等。

以这种方式制定好程序，孩子逐渐熟悉以后，就会每天等待这个时间。根据家庭情况的不同，把期待孩子自己做的事情列入程序即可。

例行程序更进一步，就是仪式。虽然早晨吃饭穿衣只是一种程序，但晚上一起播放轻音乐、执行感恩疗法、拥抱20秒与读书，可以成为彼此关爱的仪式。

尤其对于孩子不喜欢做的事情，像这样制定例行程序，再加上有趣或充满爱意的步骤，使其成为一种仪式，执行起来会更加容易。例如，如果孩子不想上幼儿园，则制定"去幼儿园仪式"，在门前给孩子一个特别的拥抱，互相说一句提前定好的问候语等，都可以成为仪式内容。我偶尔会在网上看到老师通过拥抱、击掌、握手等特别的方式迎接孩子们的视频，这些都是仪式。像这样把简单的例行程序赋予特别的意义，孩子会感到有趣、更幸福，也更愿意配合。

不仅是孩子，例行程序与仪式对成年人的生活也有很大的帮助。比如，我几乎每天都要游泳，但经常会有"起床气"。因此，游完泳后，我会在浮具上漂漂十五分钟，保持内心平静，同时感谢各种事情。所以，游泳对我来说既是例行程序，也是倍加期待的仪式。

父母也会有不喜欢做的事情。和孩子一起制定例行程序与仪式，每一天都会变得更加幸福。

自由家庭也需要例行程序

如果父母本身性格自由，可能会认为不需要例行程序或规则。我曾经接触过这样的家庭。当然了，只要"煮饭疗法"执行得好，孩子正常成长不会有什么问题。

不过，无论是大人还是孩子，都需要一些程序维持更加健康的生活。如果没有任何程序，一切随心所欲，大多数成年人就会变得疲惫不堪。尤其睡眠习惯，可谓是身心健康的重要环节。即使白天自由生活，只要早晚遵循例行程序，就可以更加健康地生活。孩子从小养成的健康习惯，必将受益终身。早晚如何开始与结束，制定全天的生活规则，是一种健康的做法。

说到程序，一定会有父母询问学习程序。这部分可以和孩子适当商量之后再决定。不过，我想再次强调，只要"煮饭疗法"执行得好，父母不必过多介入具体事情。"煮饭疗法"执行得好，意味着父母顺利传达了爱的信息（无条件的爱、绝对存在的价值），并且传授了生活的基本价值与心态，使孩子懂得信赖感、责任感、贡献与关怀，更愿意诚实地去做自己该做的事情。

如果父母以身作则，教给孩子例行程序，即使不唠叨"去学习"，孩子也会尽到自己的责任。这里所说的学习责任，是指上学、完成作业。

如果小时候可以自由玩耍，孩子就会扩大兴趣范围，增强好奇心，然后自主学习。我已经多次强调过，只要做好基础，孩子就会自己成长。如果基础不够完善，父母却强行要求孩子学习，从长远来看，这不是健康的养育方式。

父母练习
一起制定例行程序

制定一套父母和孩子可以共同参与的例行程序。

Q：制定早间例行程序。

_____

_____

Q：制定晚间例行程序。

_____

_____

Part 4

父母的心态
会潜移默化地
影响孩子

每个孩子都很特别

尊重多样性

父母的真正心愿无非是孩子健康无恙地顺利成长。健康如此重要,但我作为医生,不得不承认很多孩子存在某些缺陷。有的孩子心理和精神发育不良,有的孩子因哮喘、过敏性皮炎、儿童糖尿病等苦不堪言。如前所述,我也患有ADHD。

我之所以这么说,是因为希望各位父母能够更自然地接受疾病与一定程度的缺陷。我当然希望每个孩子都能健康,但也希望各位可以明白存在某种缺陷亦是正常现象。任何人都有不足之处,只是程度上的差异而已。

有个术语叫作"神经多样性"。就像世界上有鱼、猴子、老虎等各种各样的动物,神经多样性意味着大脑也存在多样性。简单来说,就是孩子们的大脑都不一样。孩子生而"不同",我们应该尊重"多样性"。

与此相反的立场是,认为孩子们大同小异,应当通过平均值进行比较，以平均尺度衡量孩子，然后要求孩子"达到平均值，在班里考中游"。是时候停止这种观念了。每个孩子都不一样，何谈"平均"呢？以成绩排名可以计算平均值，但这种以整齐划一的尺度排名的概念本身就不正确，理应消除。人各有异，平均值没有任何意义。

重要的是，父母应该引导孩子开拓自己的人生，明白"我的人生值得，未来充满希望"。父母不要给孩子灌输"我符合平均水平"的思想。这样的孩子，在比自己优秀的孩子面前会感到自卑，在比自己不足的孩子面前会产生得意洋洋的优越感，甚至会骄傲自满。两者都不是健康的心理。因此，"平均"的概念不如直接从父母的思维中消失。只要记住"不同"，就没什么可比较的了。

美国有句俚语"Comparing apples and oranges"（拿苹果和橙子做比较）。苹果和橙子，怎么比较好坏呢？我们可以说更喜欢什么，但不能说哪个更好。所以，这句俚语的真实意思是"没有可比性"。

孩子们之间比苹果和橙子的差异更多，几乎就像猴子和鱼做对比一样。彼此不同而且多样，无法进行比较。

不尊重多样性，以统一的尺度排名，孩子就会产生自卑感。各位希望培养孩子的自卑感吗？我认为不会有这样的父母。因此，不管孩子有什么弱点，父母都不要因为过于担忧而不知所措，忽视孩子的优点和长处。这样的孩子反倒"很特别"。希望各位父母谨记，这不是"错误"，而是"不同"。

对错误宽容

讲一个有趣的生物学故事吧。各位都知道我们的体内有DNA（脱氧核糖核酸）。DNA像梯子一样扭转，梯子的每一条腿都是碱基序列。我们体内有三十亿个碱基序列。如果想诞生一个生命，就要持续复制妈妈的三十亿个碱基序列和爸爸的三十亿个碱基序列，合计三十亿对。这种复制不是通过电脑或机器设计，而是由生命体自身去完成的。所以，当然会出错。我们只要这样理解就可以了。

没有人会永不犯错。每个人都存在各种错误，只不过有的错误明显，有的错误不明显。因此，孩子有些特别或不同是理所当然的现象，父母没必要疑虑"为什么和别人不一样"。我们彼此都不一样，父母就只当作孩子属于比较明显的那种吧。

而且，我们体内有三万到四万个基因。人有脸，有胳膊有腿，这些都差不多。既然有相似的地方，也便有不同的地方。外貌不同，才能也不同。除了错误，当然还有四五百万个其他变异部分。

因此，我们只能"不同"。父母不同，家庭环境和教育环境不同，社会文化环境也不同。所以，我们更要成为彼此不同的人。

这个道理如此清楚明了，我们却依然经常忘在脑后。如果长辈们按照同样的标准把我们同他人进行比较，我们会不开心吧？孩子也一样。理解"不同"的孩子，会变得更加宽容。每个孩子都不同，也很独特。

关注优点，不强求全面发展

为了避免误会，我想先说明一下。如果孩子似乎有点不同，比其他孩子发育得慢，建议先接受检查。检查并不一定是为了诊断病症，而是确认孩子的优缺点与特性。所以，各位父母不要太有负担，最好带孩子接受检查。如果发现孩子的某些特性存在较大不足，父母可以帮助孩子更好地发展。

通过检查，掌握了孩子的优缺点，然后就要集中于孩子的优点。例如，孩子可能会有音乐特长、空间知觉能力强等。接下来，父母可以考虑如何发挥优势，以及弥补弱点。

大概有10%的孩子患有ADHD，成年人则是4%~5%。不少吧？最近自闭症谱系障碍也增长了1%~2%。据调查，智力障碍为1%~3%，阅读障碍根据测定方法的不同，有的在5%~15%，有的甚至高达20%。学习障碍则为10%。如果再算上患有抑郁或恐慌的孩子，大约有10%。

看到这些数字，各位有什么想法呢？我们周围有很多这样的孩子，千万不要认为事不关己。这些孩子都很特别，具备各自的多样性。不过，父母如果发现自己的孩子存在某种弱点，就很容易只集中于弱点。各位不要这样做，而是应该集中于孩子的优点。近来，可以利用这种特殊优势，找到适合自己的职业或者直接开发新职业。而且，这种特别优势也可能反而带来益处。我们所谓的"障碍"或者说"不足"，越来越多的人反倒利用这些特点发展自我。

众所周知，世界著名游泳选手迈克尔·菲尔普斯患有严重的ADHD与抑郁症，还接受过药物治疗、咨询治疗。那么，他如何取得了如此辉煌的成就呢？因为ADHD患者只要沉迷于自己喜欢的东西，就会十分投入，精力也很充沛，非常适合拓展自己的运动才能。各位父母请务必牢记，不管孩子有什么弱点，都可以很好地发挥优势与潜力。

对待特殊孩子时

我作为发育障碍专家，看着孩子们经常会想，残障在未来不会再成为绊脚石。以前，身体残障确实很辛苦。近年，随着科技的发展，不能走路的人可以下地走路，以前应该坐轮椅的人也能奔跑（比如，南非的奥斯卡·皮斯托瑞斯就是戴着假肢参加奥运会的赛跑选手）。得益于技术进步，以前的障碍现在已经不再是障碍了。

各种发育问题也是如此，现有技术可以协助沟通。我的ADHD症状很严重，如果再早些年出生，或许无法走到今天。近来，手机记事本、闹钟、电脑日历等各种自动化功能都可以弥补人类大脑的不足。在未来社会，人工智能或机器人会更加方便。因此，孩子的弱点不一定会阻碍其发展，也不代表孩子将一无所成。只要认真探索，孩子就会找到适合自己的人生道路。

父母的这种心态非常重要，因为态度会决定言行。为了孩子的存在价值，让我们重新回想一下父母可以对孩子说的话。

"我们既是星星，也是宝石。星星上有火山口，有凹陷的地方，也有凸起的地方。有的地方看起来更好一点，也有的地方看起来不太好，但这些都是星星和宝石的组成部分。你也一样，有优点和缺点。而且，你的体内存在着很大的潜力。只要尽情施展自我就好。"

父母和孩子都应该保持这种心态。

"你打算怎么办？其他孩子都能做到，你怎么回事？"在这种教育环境中长大的孩子，将是完全不同的结果。

即使孩子有点特别，也要告诉孩子："你有绝对存在价值。"无条件地给予关爱，同时进行价值教育。不过，对存在发育问题或者发育迟缓的孩子，尤其要集中于以下两个方面。

首先是沟通。语言沟通顺利当然最好，但如果孩子存在语言障碍，就要尝试使用沟通设备等其他沟通方法。我们已经见证过斯蒂芬·霍金博士通过计算机进行语言表述的科学成果。未来的沟通设备会更加发达。

如果沟通不畅，就会带来各种后续问题。无法表达自己的想法和欲望，该有多郁闷啊！也有可能转化为内心不安或愤怒。所以，如果孩子沟通能力不足，最好及早关注，从小进行干预，接受检查，必要时进行语言治疗。

其次是前面强调过的自我调节能力。每个孩子都应该培养自我调节能力，对存在不足、发育障碍的孩子而言，这种能力更为重要。因为比其他孩子发育迟缓，如果调节不好，就会出现问题行为，引发安全风险，成为适应社会、健康成长的绊脚石。

沟通与自我调节，这两点应当尤为注意。如果发现可能引发问题的缺点，就应该进行完善，集中于优点，帮助孩子向着自己喜欢、好奇、关注的领域发展。如前所述，可以把兴趣与游戏拓展为学习。根据孩子感兴趣的内容进行拓展，是引导孩子学习的最佳方法。

父母练习
了解家人

和孩子一起聊聊，并写下每位家人的弱点。

Q：父母有哪些弱点？

_____
_____
_____

Q：孩子有哪些弱点？

_____
_____
_____

每个人都很特别。和孩子一起聊聊，并写下每位家人的优点。

Q：父母有哪些优点？

_____

Q：孩子有哪些优点？

_____

_____

_____

Q：谈谈今后如何实践父母和孩子各自喜欢与擅长的事情吧。

_____

_____

_____

培养内心坚强的孩子，父母的态度至关重要

必须有耐心

父母有时需要教导孩子守规矩，尤其是安全或责任方面的规矩。首先制定规则，然后引导孩子练习。

如果孩子表现不佳，父母可以这样说："尽管很难，但今天还是做了五分钟。今天已经练习过了，明天会更好。"

孩子可能完全不守规则。即便如此，父母也要鼓励孩子："很难吧？你好像还没准备好。坚持练习就可以了。谢谢你的努力。"不过，如果孩子非但不遵守规则，还在耍赖，就不要这样做。结束教导以后，尤其是睡前，进行20秒拥抱例行程序，然后对孩子说."虽然很难，但谢谢你的努力。我们下次继续练习吧。"

大人也不可能百分之百做得很好。我教给患者做各种各样的事情，其中70%～80%能照做就算不错了。更何况是孩子呢？父母教十次，只要孩子执行两三次就可以认为做得很好。

听我这么说，有些父母可能会忍不住叹气。我想强调的是，耐心非常重要。各位父母请记住：孩子不是想反抗，而是还没有能力做到。

因此，父母也要平心静气地练习呼吸。就像往大米里倒水、开火、等待一样，给予孩子基本的关爱和教导之后，耐心等待是非常重要的环节，过程乱七八糟就会把饭煮坏。等待，反复练习，再等待。经过如此艰难的过程，孩子就会成长为能够很好地遵守程序和规则的大人。

正确的反馈

父母应该把精力集中于孩子的学习过程而不是结果，尤其不要赋予分数本身太大的价值。如果孩子抱怨学习很累，父母可以试着引导："有没有更有趣的学习方式呢？""这样学习很累吧？有没有别的办法呢？或者找找别的书？有在线授课吗？"像这样尝试寻找的过程更重要。父母也可以这样问孩子："你遇到了什么困难？怎么帮你呢？"

孩子努力的时候，父母应该不吝表扬，并且称赞过程。

"你这次真的非常努力，很辛苦吧。"

然后，称赞努力的价值。

"你正在努力尽到自己的责任。"

然而，很多父母几乎对过程与价值没有任何反馈，只关注并奖励分数。我们之前学习过内部动机和外部动机，各位父母要注意不能只通过奖励提供外部动机。

此外，父母也不要指责孩子的外貌缺点，最好不要提及外貌。称赞孩子漂亮、帅气看似没什么问题，但是经常称赞外貌，孩子就会认为外貌是自己的重要价值。过于重视外貌的价值，则容易与他人进行比较，产生自卑感。既然外貌是价值，孩子很可能会想要更好的外貌，这种欲望是无止境的。

外貌与生俱来，无法轻易改变。如果把价值放在仅凭自己的力量无法改善的东西上，必然会感到无力。父母要告诉孩子，存在本身就值得被爱，而不是因为长得漂亮或帅气。至于负面评价，那就更不该说了。孩子重视内心价值，就会成长为心灵更健康、更坚定的大人。

父母练习
内心坚强的孩子

为了强壮孩子的内心,父母的态度很重要。比起最终结果,让我们改变态度,集中于孩子努力的过程吧。

Q:孩子遵守规则的时候,写几句称赞的话。
___
___
___

Q:写下孩子最近付出的努力。
___
___
___

Q:写几句话称赞孩子努力的过程与价值。
___
___
___

幸福的父母，幸福的孩子

不求获胜，只求成长

幸福的父母与焦虑的父母有什么不同呢？信任。幸福的父母对孩子有信心，相信孩子的潜力。反之，焦虑的父母很难相信孩子有潜力。如果相信孩子的潜力，父母就不会制定时间表，逐一检查，压迫孩子。

如果做好育儿与教育的基本，相信孩子会茁壮成长，其他方面可以稍微放松一些，等待孩子施展自己的潜力。孩子完全可以成为自行探索前进之路的船长。只有好好教育孩子，帮助他们做好成为自立自强的船长的准备，孩子和父母才会幸福，亲子关系也会变好。要点就在于，父母的思维必须由"让孩子听话"转换为"帮助孩子做出更好的选择"。

各位不妨想象一下，假如父母辛辛苦苦地照顾孩子二十几年，孩子到了三十甚至四十多岁仍无法独立生活，父母必须继续付出，曾有家长对我说，一想到这些就觉得毛骨悚然。父母本以为只要把孩子送进名牌大学,自己的苦日子就会结束,所以咬牙坚持了二十年。如果此后的十年、二十年还要继续受苦,会怎样呢?这样的家庭并不少见,而且父母与孩子之间的关系也早已恶化,各方面都很艰难。

父母现在背负的重担并非必然结果,而是自讨苦吃。因为别人都那样做,所以担心只有自己的孩子落后。也就是说,自己主动背上了根本无须背负的包袱。

这种负担只会让孩子更加依赖。把孩子的分内事交给孩子,不必要的部分就要懂得放下。哪怕是从现在开始,也可以尝试放下。鼓起勇气,相信孩子的潜力,情况肯定会有所改善。有句话我经常挂在嘴边:

"我们来到这个世界,不是为了胜利,而是为了成长。"

我们的孩子来到这个世界,不是为了战胜他人或者凡事争先。因此,只要符合基本要求,让孩子好好成长就可以了。不是每个人都能获胜,但每个人都可以成长。

不要等制度改变

很多父母只为孩子提供外部动机,以竞争逻辑抚养孩子,同时怪罪入学考试制度。"只要制度不改变,就只能逼迫孩子"——这句话也不算错。现有制度确实存在问题。不过,只有制度改变,父母才会改变吗?

这就是所谓的"眼镜蛇效应"。19世纪，印度德里地区突然眼镜蛇泛滥。眼镜蛇有剧毒，会引发严重问题。因此，政府表示，只要杀死眼镜蛇并带回蛇头，即可领取奖金。于是，人们纷纷去抓眼镜蛇，眼镜蛇的数量似乎减少了。

本以为这种策略成功了，但某天眼镜蛇的数量又突然急剧增加。这是怎么回事呢？据说抓到眼镜蛇可以领奖金，所以人们开始饲养和销售眼镜蛇。出于善意而制定的制度，反而会带来背道而驰的结果，这称为"眼镜蛇效应"。

20世纪80年代，韩国曾经颁布过全面禁止课外辅导的法令。因为富人有经济能力接受课外辅导，穷人没钱接受课外辅导，导致教育不公平，拉大了社会差距。这项法令的初衷很好，听起来也很有逻辑，但结果如何呢？普通人无法接受课外辅导，但更有能力的人可以通过各种途径钻空子，反而造成了更大的差距。最终，该法令未能取得成效，只能废止。

有人可能会认为，应该先改变制度，然后我们根据制度采取行动。其实，制度可以反映我们的想法。

这些年来，韩国高考制度不断改革，可教育文化有什么改变吗？我们的孩子更幸福了吗？制度确实应该改变，但如果不改变想法，就算改变了制度，也无法改变文化。反之，如果每个人改变想法，就会改变文化，制度也必然随之改变。试想，所有人都认为应该停止当前的统一灌输式应试教育并付诸行动，文化必然也会改变。

近几年，全世界掀起了"Me too运动"，但这并非源于制度的改变。尊重女性、男女平等的制度早已存在，可是人们的想法没有改变，现有制度也便无法发挥应有的影响力。然而，"Me too运动"后，尊重女性的文化发生了巨大变化。不是因为有了新制度，而是每个人开始发声，文化也便开始随之改变。

教育和育儿环境也一样。即使父母努力想把孩子培养成适应未来社会的人才，但如果不改变想法，一切都是徒劳无功。如果父母最重要的教育目标是将孩子送进名牌大学，那么无论制度如何改变，灌输式应试教育文化都会持续下去。

此时，一定会有父母心存担忧：就算改变了想法，但其他孩子都去上补习班，十分担心自己的孩子不上补习班就会落后。这种心理源于严重的趋同现象。因为其他人都在做某事，所以感受到巨大的压力。这是一种自然反应，完全可以理解。

然而，世界上总有革新家，即带来更好想法的人。不过，新想法并非瞬间成为大势所趋。此时会出现"早期尝试者"，认为"这个想法不错"，比别人更早接受。刚开始只有少数人接受，但"新方法比现有方法好"的观念一旦扩散，就会在某个瞬间出现转机，到达临界点。如此一来，新想法瞬间成为大势，犹豫不决的人似乎会落后，因此感到不安。经济学家说，如果16%的大众接受新事物，就会达到临界点。我们也能做到！

希望各位父母可以成为"早期尝试者"。基础养育方式的本质是培养适应未来社会的孩子，父母也可以更加安心。如果这样做可以培养出更健康、更幸福的孩子，甚至主动开拓自己人生的孩子，那么以传统方式养育孩子的父母反而会感到不安："我也要那样做吗？"继而，我们就可以亲切地带领他们走上新的道路。像这样，大家聚集在一起，最终会形成育儿与教育的新文化。

父母练习
好好长大

让我们鼓起勇气,相信孩子的潜力,帮助孩子成长吧。以前面的内容为基础,放下育儿的心理负担,写下自己做幸福父母,健康培养孩子的决心。

_____
_____
_____
_____
_____

后记
只需稍做改变，就会有成效

父母努力养育孩子，最终希望看到什么结果呢？难道不是孩子长大以后对自己的生活满意，对未来抱有希望吗？

然而，环顾周围，拥有这种生活的人并不多。从小顺从父母的安排，没有自己的想法；人到中年，却发现不知道自己究竟想要什么样的生活。

前面提到的"世界幸福度报告书"，通过六个项目调查了各国的幸福度。其中一项是询问"选择如何生活的自由"。各位父母不妨问问自己，是否真的可以自由选择自己的生活，朝着自己想要的方向发展。大多数人都在忙着跟随他人，却很少有人可以朝着自己想要的方向生活。如果这种自由受限，幸福也会受限。

贯穿本书的重要概念是"自主性"。美国独立战争时期的革命家、律师、政治家帕特里克·亨利有句名言："不自由，毋宁死。"如果人的自主性被剥夺，就失去了幸福，对某些人而言，失去自由，生不如死。

我们在养育孩子的过程中，应该保护年幼的孩子免受危险，并提供成长所需的安全环境，这是理所当然的事情。

不过，父母不能以此为借口而无视孩子的自主性。更重要的是，父母养育孩子的最终目的是使其自立，所以应该最大限度地培养孩子的自主性。

我们可以在自己的人生中自由做出重要决定，孩子也拥有同样的权利。"我更了解你人生中的重要决定，所以你要听话。"父母无权像这样侵犯孩子的自主性，且任何人都没有这种权利。

我非常想要孩子，多年来一直接受不孕治疗，但始终未能享受到养育孩子的福气。我当然感到十分遗憾，并曾向母亲吐露过这种心情："妈妈，如果我有孩子，我有信心好好抚养……本想生一个像我的孩子，培养他（她）探索世界，自由生活。"

母亲在电话那头说："不是为了好好抚养才生孩子。孩子不能由你随心所欲，生孩子不是为了按照你的意愿抚养。"

"什么？"

"生孩子是为了爱他（她）。"

这句话给了我当头一棒，让我内心备受触动。原来我也是因为自己的欲望才想要孩子。想好好抚养孩子不是爱孩子，而是我的欲望。因此，为了按照自己的意愿抚养孩子，对孩子以及孩子自由向往的生活的尊重都被慢慢掩盖了。

现在，我已经过了生孩子的年纪，非常疼爱家里养的两只可爱小狗。养狗和养孩子有很多共同点,但也存在很大差异。养狗的最终目的不是培养它们独立自主,所以我会制约它们的自由。它们一直需要我喂食、洗澡、照顾,训练它们听话是必不可少的环节。我可以很爱它们,但很难尊重它们的高度自主性。

然而,孩子作为我们的后代,从出生的瞬间开始,就应该得到绝对的尊重。如此珍贵的生命通过我们诞生在这个世界上,是为了得到我们的爱。因此,父母有责任爱孩子,帮助孩子长大成人并独立自主地开拓人生。尊重和培养孩子的自主性,就已经尽到了父母的义务。除此之外的任何期待,都是父母的欲望。

现在,必须打破"孩子是附属品"的错觉。我们都是应该平等得到尊重的存在。渴望被爱,那就用心爱这个来到我们身边的珍贵存在吧。希望得到尊重,就先尊重孩子,尊重、倾听孩子的意见与想法。

如果只是认为"说得没错",合上书本却又重复同样的事情,则不会有任何改变。我们要不断提醒自己,同时付诸实践。那么,各位在这本书中看到的蓝图就会成为现实。

自始至终,我们谈的其实都是培养孩子强大内心的方法。请家长注意:我介绍的这些方法,都没有什么实践难度,也无须高昂的费用,只要稍微改变想法就行。

(全书完)

池罗英

生于1976年。从韩国大邱天主教大学医学院毕业后，高分通过美国执业医师资格考试，进入哈佛医学院脑成像研究所。作为美国北卡罗来纳医学院的精神病住院医师获得了儿科精神病学奖学金。曾加入美国约翰斯·霍普金斯大学及其附属医院肯尼迪克里格研究所，担任儿科精神病学教授。

池罗英曾担任教授职务，工作之余举办家庭教育讲座，在媒体上分享育儿知识，其"基础养育"理念获得许多韩国父母的认同。

基础养育法

作者 _ [韩] 池罗英　　译者 _ 谢恭霓

产品经理 _ 孙雪净 杨仪清　　装帧设计 _ 肖雯　　产品总监 _ 木木
技术编辑 _ 白咏明　　责任印制 _ 梁拥军　　出品人 _ 贺彦军

果麦
www.guomai.cn

以 微 小 的 力 量 推 动 文 明

图书在版编目（CIP）数据

基础养育法 /（韩）池罗英著；谢恭霓译 . -- 北京：国文出版社，2025. -- ISBN 978-7-5125-1801-8

Ⅰ . G78

中国国家版本馆 CIP 数据核字第 2024JH1925 号

北京市版权局版权合同登记号 图字 01-2025-0461 号

세상에서 가장 쉬운 본질육아
Copyright © 지나영 2022
All rights reserved.

Simplified Chinese Translation Copyright © 2025 By Goldmye Inc.
Simplified Chinese translation edition is published by arrangement with Book 21 Publishing Group c/o Danny Hong Agency through The Grayhawk Agency Ltd.

基础养育法

作　　者	[韩]池罗英	
译　　者	谢恭霓	
责任编辑	侯娟雅	
责任校对	孙雪净	
出版发行	国文出版社	
经　　销	全国新华书店	
印　　刷	河北鹏润印刷有限公司	
开　　本	145 毫米 ×210 毫米	32 开
	6.75 印张	143 千字
版　　次	2025 年 3 月第 1 版	
	2025 年 3 月第 1 次印刷	
书　　号	ISBN 978-7-5125-1801-8	
定　　价	55.00 元	

国文出版社
北京市朝阳区东土城路乙 9 号　邮编：100013
总编室：（010）64270995　传真：（010）64270995
销售热线：（010）64271187
传　真：（010）64271187-800
E-mail：icpc@95777.sina.net